TRANZLATY

La lingua è per tutti

Jezik je za sve

Il richiamo della foresta

Zov divljine

Jack London

Italiano / Hrvatski

Nel primitivo
U primitivno doba

Buck non leggeva i giornali.
Buck nije čitao novine.
Se avesse letto i giornali avrebbe saputo che i guai si stavano avvicinando.
Da je čitao novine, znao bi da se spremaju problemi.
Non erano guai solo per lui, ma per tutti i cani da caccia.
Nije bilo problema samo za njega, već za svakog psa s plime.
Ogni cane con muscoli forti e pelo lungo e caldo sarebbe stato nei guai.
Svaki pas jakih mišića i s toplom, dugom dlakom bit će u nevolji.
Da Puget Bay a San Diego nessun cane poteva sfuggire a ciò che stava per accadere.
Od Puget Baya do San Diega nijedan pas nije mogao izbjeći ono što ga je čekalo.
Gli uomini, brancolando nell'oscurità artica, avevano trovato un metallo giallo.
Muškarci, pipajući u arktičkoj tami, pronašli su žuti metal.
Le compagnie di navigazione a vapore e di trasporto erano alla ricerca della scoperta.
Parobrodske i transportne tvrtke su jurile za otkrićem.
Migliaia di uomini si riversarono nel Nord.
Tisuće muškaraca jurilo je u Sjevernu zemlju.
Questi uomini volevano dei cani, e i cani che volevano erano cani pesanti.
Ti su muškarci htjeli pse, a psi koje su htjeli bili su teški psi.
Cani dotati di muscoli forti per lavorare duro.
Psi s jakim mišićima za naporan rad.
Cani con il pelo folto che li protegge dal gelo.
Psi s krznenim kaputom koji ih štiti od mraza.

Buck viveva in una grande casa nella soleggiata Santa Clara Valley.

Buck je živio u velikoj kući u suncem okupanoj dolini Santa Clara.

La casa del giudice Miller era chiamata così.

Zvala se kuća suca Millera.

La sua casa era nascosta tra gli alberi, lontana dalla strada.

Njegova kuća stajala je povučena od ceste, napola skrivena među drvećem.

Si poteva intravedere l'ampia veranda che circondava la casa.

Mogla se vidjeti široka veranda koja se proteže oko kuće.

Si accedeva alla casa tramite vialetti ghiaiosi.

Do kuće se dolazilo šljunčanim prilazima.

I sentieri si snodavano attraverso ampi prati.

Staze su se vijugale kroz prostrane travnjake.

In alto si intrecciavano i rami degli alti pioppi.

Iznad njih su se ispreplitale grane visokih topola.

Nella parte posteriore della casa le cose erano ancora più spaziose.

U stražnjem dijelu kuće stvari su bile još prostranije.

C'erano grandi scuderie, dove una dozzina di stallieri chiacchieravano

Bile su tu velike štale, gdje je desetak konjušara čavrljalo

C'erano file di cottage per i servi ricoperti di vite

Bili su tu redovi kućica za sluge obloženih vinovom lozom

E c'era una serie infinita e ordinata di latrine

I postojao je beskrajan i uredan niz vanjskih pomoćnih zgrada

Lunghi pergolati d'uva, pascoli verdi, frutteti e campi di bacche.

Dugi nasadi vinove loze, zeleni pašnjaci, voćnjaci i nasadi bobičastog voća.

Poi c'era l'impianto di pompaggio per il pozzo artesiano.

Zatim je tu bilo crpno postrojenje za arteški bunar.

E c'era la grande cisterna di cemento piena d'acqua.

I ondje je bio veliki cementni spremnik napunjen vodom.

Qui i ragazzi del giudice Miller hanno fatto il loro tuffo mattutino.

Ovdje su se dečki suca Millera okupali ujutro.

E lì si rinfrescavano anche nel caldo pomeriggio.

I rashladili su se tamo u vruće poslijepodne.

E su questo grande dominio, Buck era colui che lo governava tutto.

I nad ovim velikim područjem, Buck je bio taj koji je vladao cijelim njime.

Buck nacque su questa terra e visse qui tutti i suoi quattro anni.

Buck je rođen na ovoj zemlji i ovdje je živio sve svoje četiri godine.

C'erano effettivamente altri cani, ma non avevano molta importanza.

Doista je bilo i drugih pasa, ali oni nisu bili zapravo važni.

In un posto vasto come questo ci si aspettava la presenza di altri cani.

Na tako prostranom mjestu očekivali su se i drugi psi.

Questi cani andavano e venivano oppure vivevano nei canili affollati.

Ti su psi dolazili i odlazili ili su živjeli unutar prometnih uzgajivačnica.

Alcuni cani vivevano nascosti in casa, come Toots e Ysabel.

Neki psi su živjeli skriveni u kući, poput Tootsa i Ysabel.

Toots era un carlino giapponese, Ysabel una cagnolina messicana senza pelo.

Toots je bio japanski mops, Ysabel meksički pas bez dlake.

Queste strane creature raramente uscivano di casa.

Ova čudna stvorenja rijetko su izlazila iz kuće.

Non toccarono terra né annusarono l'aria esterna.

Nisu dodirnuli tlo, niti njušili otvoreni zrak vani.

C'erano anche i fox terrier, almeno una ventina.

Bilo je tu i foksterijera, najmanje dvadeset na broju.

Questi terrier abbaiavano ferocemente a Toots e Ysabel in casa.

Ovi terijeri su žestoko lajali na Tootsa i Ysabel u zatvorenom prostoru.

Toots e Ysabel rimasero dietro le finestre, al sicuro da ogni pericolo.

Toots i Ysabel ostali su iza prozora, sigurni od zla.

Erano sorvegliati da domestiche armate di scope e stracci.
Čuvale su ih kućne pomoćnice s metlama i krpama.
Ma Buck non era un cane da casa e nemmeno da canile.
Ali Buck nije bio kućni pas, a nije bio ni pas za pse.
L'intera proprietà apparteneva a Buck come suo legittimo regno.
Cijeli posjed pripadao je Bucku kao njegovo zakonito kraljevstvo.
Buck nuotava nella vasca o andava a caccia con i figli del giudice.
Buck je plivao u akvariju ili išao u lov sa sučevim sinovima.
Camminava con Mollie e Alice nelle prime ore del mattino o tardi.
Šetao je s Mollie i Alice u ranim ili kasnim satima.
Nelle notti fredde si sdraiava davanti al fuoco della biblioteca insieme al giudice.
U hladnim noćima ležao je pred kaminom u knjižnici sa Sucem.
Buck accompagnava i nipoti del giudice sulla sua robusta schiena.
Buck je vozio Sudčeve unuke na svojim snažnim leđima.
Si rotolava nell'erba insieme ai ragazzi, sorvegliandoli da vicino.
Valjao se u travi s dječacima, pomno ih čuvajući.
Si avventurarono fino alla fontana e addirittura oltre i campi di bacche.
Odvažili su se na fontanu, pa čak i prošli pored polja s bobicama.
Tra i fox terrier, Buck camminava sempre con orgoglio regale.
Među foksterijerima, Buck je uvijek hodao s kraljevskim ponosom.
Ignorò Toots e Ysabel, trattandoli come se fossero aria.
Ignorirao je Tootsa i Ysabel, tretirajući ih kao da su zrak.
Buck governava tutte le creature viventi sulla terra del giudice Miller.
Buck je vladao svim živim bićima na zemlji suca Millera.

Dominava gli animali, gli insetti, gli uccelli e perfino gli esseri umani.

Vladao je životinjama, kukcima, pticama, pa čak i ljudima.

Il padre di Buck, Elmo, era un enorme e fedele San Bernardo.

Buckov otac Elmo bio je ogroman i odan bernard.

Elmo non si allontanò mai dal Giudice e lo servì fedelmente.

Elmo se nikada nije odvajao od Suca i vjerno mu je služio.

Buck sembrava pronto a seguire il nobile esempio del padre.

Buck se činio spremnim slijediti plemeniti primjer svog oca.

Buck non era altrettanto grande: pesava sessanta chili.

Buck nije bio baš toliko velik, težio je sto četrdeset funti.

Sua madre, Shep, era una splendida cagnolina da pastore scozzese.

Njegova majka, Shep, bila je izvrstan škotski ovčar.

Ma nonostante il suo peso, Buck camminava con una presenza regale.

Ali čak i s tom težinom, Buck je hodao s kraljevskom prisutnošću.

Ciò derivava dal buon cibo e dal rispetto che riceveva sempre.

To je dolazilo od dobre hrane i poštovanja koje je uvijek dobivao.

Per quattro anni Buck aveva vissuto come un nobile viziato.

Četiri godine Buck je živio kao razmaženi plemić.

Era orgoglioso di sé stesso e perfino un po' egocentrico.

Bio je ponosan na sebe, pa čak i pomalo egoističan.

Quel tipo di orgoglio era comune tra i signori delle campagne remote.

Takav ponos bio je uobičajen među udaljenim seoskim gospodarima.

Ma Buck si salvò dal diventare un cane domestico viziato.

Ali Buck se spasio od toga da postane razmaženi kućni pas.

Rimase snello e forte grazie alla caccia e all'esercizio fisico.

Ostao je vitak i snažan kroz lov i vježbanje.

Amava profondamente l'acqua, come chi si bagna nei laghi freddi.

Duboko je volio vodu, poput ljudi koji se kupaju u hladnim jezerima.

Questo amore per l'acqua mantenne Buck forte e molto sano.

Ta ljubav prema vodi održavala je Bucka jakim i vrlo zdravim.

Questo era il cane che Buck era diventato nell'autunno del 1897.

To je bio pas u kojeg se Buck pretvorio u jesen 1897.

Quando lo sciopero del Klondike spinse gli uomini verso il gelido Nord.

Kad je napad na Klondikeu povukao ljude na zaleđeni Sjever.

Da ogni parte del mondo la gente accorse in massa verso la fredda terra.

Ljudi su iz cijelog svijeta hrlili u hladnu zemlju.

Buck, tuttavia, non leggeva i giornali e non capiva le notizie.

Buck, međutim, nije čitao novine niti je razumio vijesti.

Non sapeva che Manuel fosse una persona cattiva con cui stare.

Nije znao da je Manuel loš čovjek u njegovom društvu.

Manuel, che aiutava in giardino, aveva un grosso problema.

Manuel, koji je pomagao u vrtu, imao je ozbiljan problem.

Manuel era dipendente dal gioco d'azzardo alla lotteria cinese.

Manuel je bio ovisan o kockanju na kineskoj lutriji.

Credeva fermamente anche in un sistema fisso per vincere.

Također je čvrsto vjerovao u fiksni sustav za pobjedu.

Questa convinzione rese il suo fallimento certo e inevitabile.

To uvjerenje učinilo je njegov neuspjeh sigurnim i neizbježnim.

Per giocare con un sistema erano necessari soldi, soldi che a Manuel mancavano.

Igranje po sustavu zahtijeva novac, kojeg Manuelu nije bilo.

Il suo stipendio bastava a malapena a sostenere la moglie e i numerosi figli.

Njegova plaća jedva je uzdržavala njegovu ženu i mnogo djece.

La notte in cui Manuel tradì Buck, tutto era normale.

U noći kada je Manuel izdao Bucka, sve je bilo normalno.

Il giudice si trovava a una riunione dell'Associazione dei coltivatori di uva passa.

Sudac je bio na sastanku Udruge uzgajivača grožđica.

A quel tempo i figli del giudice erano impegnati a fondare un club sportivo.

Sudčevi sinovi su tada bili zauzeti osnivanjem atletskog kluba.

Nessuno vide Manuel e Buck uscire dal frutteto.

Nitko nije vidio Manuela i Bucka kako odlaze kroz voćnjak.

Buck pensava che questa fosse solo una semplice passeggiata notturna.

Buck je mislio da je ova šetnja samo obična noćna šetnja.

Incontrarono un solo uomo alla stazione della bandiera, a College Park.

Na postaji za zastave, u College Parku, sreli su samo jednog čovjeka.

Quell'uomo parlò con Manuel e si scambiarono i soldi.

Taj je čovjek razgovarao s Manuelom i razmijenili su novac.

"Imballa la merce prima di consegnarla", suggerì.

„Zamotaj robu prije nego što je dostaviš", predložio je.

La voce dell'uomo era roca e impaziente mentre parlava.

Muškarčev glas bio je grub i nestrpljiv dok je govorio.

Manuel legò con cura una corda spessa attorno al collo di Buck.

Manuel je pažljivo svezao debelo uže oko Buckovog vrata.

"Se giri la corda, lo strangolerai di brutto"

"Zavrni uže i dobro ćeš ga zadaviti"

Lo straniero emise un grugnito, dimostrando di aver capito bene.

Stranac je promrmljao, pokazujući da je dobro razumio.

Quel giorno Buck accettò la corda con calma e silenziosa dignità.

Buck je tog dana prihvatio uže s mirnim i tihim dostojanstvom.

Era un atto insolito, ma Buck si fidava degli uomini che conosceva.

Bio je to neobičan čin, ali Buck je vjerovao ljudima koje je poznavao.

Credeva che la loro saggezza andasse ben oltre il suo pensiero.

Vjerovao je da njihova mudrost daleko nadilazi njegovo vlastito razmišljanje.

Ma poi la corda venne consegnata nelle mani dello straniero.

Ali tada je uže predano u ruke stranca.

Buck emise un ringhio basso che suonava come un avvertimento e una minaccia silenziosa.

Buck je tiho zarežao, upozoravajući s tihom prijetnjom.

Era orgoglioso e autoritario e intendeva mostrare il suo disappunto.

Bio je ponosan i zapovjednički nastrojen te je namjeravao pokazati svoje nezadovoljstvo.

Buck credeva che il suo avvertimento sarebbe stato interpretato come un ordine.

Buck je vjerovao da će njegovo upozorenje biti shvaćeno kao naredba.

Con suo grande stupore, la corda si strinse rapidamente attorno al suo grosso collo.

Na njegov šok, uže se brzo stegnulo oko njegovog debelog vrata.

Gli mancò l'aria e cominciò a lottare in preda a una rabbia improvvisa.

Zrak mu je bio prekinuo i počeo se boriti u iznenadnom bijesu.

Si lanciò verso l'uomo, che si lanciò rapidamente contro Buck a mezz'aria.

Skočio je na čovjeka, koji je brzo sreo Bucka u zraku.

L'uomo afferrò Buck per la gola e lo fece ruotare abilmente in aria.

Čovjek je uhvatio Bucka za grlo i vješto ga zavrtio u zraku.

Buck venne scaraventato a terra con violenza, atterrando sulla schiena.

Buck je snažno pao na pod, sletjevši ravno na leđa.

La corda ora lo strangolava crudelmente mentre lui scalciava selvaggiamente.

Uže ga je sada okrutno davilo dok je divlje udarao nogama.

La sua lingua cadde fuori, il suo petto si sollevò, ma non riprese fiato.

Jezik mu je ispao, prsa su mu se nadimala, ali nije mogao udahnuti.

Non era mai stato trattato con tanta violenza in vita sua.

Nikada u životu nije bio tretiran s takvim nasiljem.

Non era mai stato così profondamente invaso da una rabbia così profonda.

Također nikada prije nije bio ispunjen tako dubokim bijesom.

Ma il potere di Buck svanì e i suoi occhi diventarono vitrei.

Ali Buckova moć je izblijedjela, a oči su mu postale staklaste.

Svenne proprio mentre un treno veniva fermato lì vicino.

Onesvijestio se baš kad je u blizini zaustavio vlak.

Poi i due uomini lo caricarono velocemente nel vagone bagagli.

Zatim su ga dvojica muškaraca brzo ubacila u prtljažni vagon.

La cosa successiva che Buck sentì fu dolore alla lingua gonfia.

Sljedeće što je Buck osjetio bila je bol u otečenom jeziku.

Si muoveva su un carro traballante, solo vagamente cosciente.

Kretao se u tresućim kolicima, tek jedva pri svijesti.

Il fischio acuto di un treno rivelò a Buck la sua posizione.

Oštar vrisak zvižduka vlaka otkrio je Bucku njegov položaj.

Aveva spesso cavalcato con il Giudice e conosceva quella sensazione.

Često je jahao sa Sucem i poznavao je taj osjećaj.

Fu un'esperienza unica viaggiare di nuovo in un vagone bagagli.

Bio je to onaj jedinstveni trzaj ponovnog putovanja u prtljažnom vagonu.

Buck aprì gli occhi e il suo sguardo ardeva di rabbia.

Buck je otvorio oči, a pogled mu je gorio od bijesa.

Questa era l'ira di un re orgoglioso detronizzato.

To je bio gnjev ponosnog kralja koji je zbačen s prijestolja.

Un uomo allungò la mano per afferrarlo, ma Buck colpì per primo.

Čovjek je pružio ruku da ga uhvati, ali Buck je umjesto toga udario prvi.

Affondò i denti nella mano dell'uomo e la strinse forte.

Zarivao je zube u čovjekovu ruku i čvrsto je držao.

Non mi lasciò andare finché non svenne per la seconda volta.

Nije pustio sve dok se drugi put nije onesvijestio.

"Sì, ha degli attacchi", borbottò l'uomo al facchino.

„Da, ima napadaje", promrmljao je čovjek nosaču prtljage.

Il facchino aveva sentito la colluttazione e si era avvicinato.

Prtljažnik je čuo borbu i približio se.

"Lo porto a Frisco per conto del capo", spiegò l'uomo.

„Vodim ga u 'Frisco zbog šefa", objasnio je čovjek.

"C'è un bravo dottore per cani che dice di poterli curare."

„Tamo ima dobar liječnik za pse koji kaže da ih može izliječiti."

Più tardi quella notte l'uomo raccontò la sua versione completa.

Kasnije te večeri čovjek je dao svoj potpuni izvještaj.

Parlava da un capannone dietro un saloon sul molo.

Govorio je iz šupe iza saloona na dokovima.

"Mi hanno dato solo cinquanta dollari", si lamentò con il gestore del saloon.

„Dobio sam samo pedeset dolara", požalio se vlasniku saloona.

"Non lo rifarei, nemmeno per mille dollari in contanti."

„Ne bih to ponovio, čak ni za tisuću dolara u gotovini."

La sua mano destra era strettamente avvolta in un panno insanguinato.

Desna ruka mu je bila čvrsto omotana krvavom krpom.

La gamba dei suoi pantaloni era completamente strappata dal ginocchio al piede.

Nogavica mu je bila širom razderana od koljena do pete.

"Quanto è stato pagato l'altro tizio?" chiese il gestore del saloon.

„Koliko je druga krigla dobila?" upitao je vlasnik saluna.

«Cento», rispose l'uomo, «non ne accetterebbe uno in meno».

„Sto", odgovori čovjek, „ne bi uzeo ni centa manje."

"Questo fa centocinquanta", disse il gestore del saloon.

„To je ukupno sto pedeset", rekao je vlasnik saluna.

"E lui li merita tutti, altrimenti non sono meglio di uno stupido."

„I vrijedi svega toga, inače nisam ništa bolji od glupana."

L'uomo aprì gli involucri per esaminarsi la mano.

Čovjek je otvorio omot kako bi pregledao ruku.

La mano era gravemente graffiata e ricoperta di croste di sangue secco.

Ruka je bila teško oštećena i prekrivena krastom osušene krvi.

"Se non mi viene l'idrofobia..." cominciò a dire.

„Ako ne dobijem hidrofobiju...", počeo je govoriti.

"Sarà perché sei nato per impiccarti", giunse una risata.

„To će biti zato što si rođen za vješanje", začuo se smijeh.

"Aiutami prima di partire", gli chiesero.

„Dođi i pomozi mi prije nego što kreneš", zamolili su ga.

Buck era stordito dal dolore alla lingua e alla gola.

Buck je bio ošamućen od boli u jeziku i grlu.

Era mezzo strangolato e riusciva a malapena a stare in piedi.

Bio je napola zadavljen i jedva je mogao stajati uspravno.

Ciononostante, Buck cercò di affrontare gli uomini che lo avevano ferito così duramente.

Ipak, Buck se pokušao suočiti s ljudima koji su ga toliko povrijedili.

Ma lo gettarono a terra e lo strangolarono ancora una volta.

Ali su ga bacili na pod i ponovno ga zadavili.

Solo allora riuscirono a segargli il pesante collare di ottone.

Tek tada su mu mogli odrezati tešku mesinganu ogrlicu.

Tolsero la corda e lo spinsero in una cassa.

Skinuli su uže i ugurali ga u sanduk.

La cassa era piccola e aveva la forma di una gabbia di ferro grezza.

Sanduk je bio malen i oblikovan poput grubog željeznog kaveza.

Buck rimase lì per tutta la notte, pieno di rabbia e di orgoglio ferito.

Buck je ležao tamo cijelu noć, ispunjen gnjevom i povrijeđenim ponosom.

Non riusciva nemmeno a capire cosa gli stesse succedendo.

Nije mogao ni početi shvaćati što mu se događa.

Perché quegli strani uomini lo tenevano in quella piccola cassa?

Zašto su ga ti čudni ljudi držali u ovom malom sanduku?

Cosa volevano da lui e perché questa crudele prigionia?

Što su htjeli s njim i zašto ovo okrutno zatočeništvo?

Sentì una pressione oscura e la sensazione che il disastro si avvicinasse.

Osjetio je mračan pritisak; osjećaj katastrofe koja se približava.

Era una paura vaga, ma si impadronì pesantemente del suo spirito.

Bio je to nejasan strah, ali teško mu je obuzeo duh.

Diverse volte sobbalzò quando la porta del capanno sbatteva.

Nekoliko puta je skočio kad su vrata šupe zatresla.

Si aspettava che il giudice o i ragazzi apparissero e lo salvassero.

Očekivao je da će se pojaviti Sudac ili dječaci i spasiti ga.

Ma ogni volta solo la faccia grassa del gestore del saloon faceva capolino all'interno.

Ali samo je debelo lice vlasnika krčme svaki put provirilo unutra.

Il volto dell'uomo era illuminato dalla debole luce di una candela di sego.

Muškovo lice bilo je obasjano slabim sjajem lojaste svijeće.

Ogni volta, il latrato gioioso di Buck si trasformava in un ringhio basso e arrabbiato.

Svaki put, Buckov radosni lavež se pretvorio u tiho, ljutito režanje.

Il gestore del saloon lo ha lasciato solo per la notte nella cassa

Vlasnik krčme ga je ostavio samog preko noći u sanduku.

Ma quando si svegliò la mattina seguente, altri uomini stavano arrivando.

Ali kad se ujutro probudio, dolazilo je još ljudi.

Arrivarono quattro uomini e, con cautela, sollevarono la cassa senza dire una parola.

Četiri muškarca su došla i oprezno podigla sanduk bez riječi.

Buck capì subito in quale situazione si trovava.

Buck je odmah shvatio u kakvoj se situaciji nalazi.

Erano ulteriori tormentatori che doveva combattere e temere.

Bili su to daljnji mučitelji protiv kojih se morao boriti i kojih se bojati.

Questi uomini apparivano malvagi, trasandati e molto mal curati.

Ti su muškarci izgledali opako, otrcano i vrlo loše dotjerano.

Buck ringhiò e si lanciò contro di loro con furia attraverso le sbarre.

Buck je zarežao i žestoko se bacio na njih kroz rešetke.

Si limitarono a ridere e a colpirlo con lunghi bastoni di legno.

Samo su se smijali i bockali ga dugim drvenim štapovima.

Buck morse i bastoncini, poi capì che era quello che gli piaceva.

Buck je zagrizao štapiće, a onda shvatio da je to ono što im se sviđa.

Così si sdraiò in silenzio, imbronciato e acceso da una rabbia silenziosa.

Tako je legao tiho, namrgođen i gorio od tihog bijesa.

Caricarono la cassa su un carro e se ne andarono con lui.

Digli su sanduk u kola i odvezli se s njim.

La cassa, con Buck chiuso dentro, cambiò spesso proprietario.

Sanduk, s Buckom zaključanim unutra, često je mijenjao vlasnika.

Gli impiegati dell'ufficio espresso presero in mano la situazione e si occuparono di lui per un breve periodo.

Službenici ekspresnog ureda preuzeli su stvar i kratko se pozabavili njime.

Poi un altro carro trasportò Buck attraverso la rumorosa città.

Zatim su druga kola prevezla Bucka preko bučnog grada.

Un camion lo portò con sé scatole e pacchi su un traghetto.

Kamion ga je s kutijama i paketima odvezao na trajekt.

Dopo l'attraversamento, il camion lo scaricò presso un deposito ferroviario.

Nakon što je prešao granicu, kamion ga je istovario na željezničkom kolodvoru.

Alla fine Buck venne fatto salire a bordo di un vagone espresso in attesa.

Konačno, Bucka su smjestili u čekajući ekspresni vagon.

Per due giorni e due notti i treni trascinarono via il vagone espresso.

Dva dana i noći vlakovi su odvlačili ekspresni vagon.

Buck non mangiò né bevve durante tutto il doloroso viaggio.

Buck nije ni jeo ni pio tijekom cijelog mukotrpnog putovanja.

Quando i messaggeri cercarono di avvicinarlo, lui ringhiò.

Kad su mu se brzi glasnici pokušali približiti, zarežao je.

Risposero prendendolo in giro e prendendolo in giro crudelmente.

Odgovorili su ismijavajući ga i okrutno ga zadirkujući.

Buck si gettò contro le sbarre, schiumando e tremando

Buck se bacio na rešetke, pjenušajući se i tresući se

risero sonoramente e lo presero in giro come i bulli della scuola.

glasno su se smijali i rugali mu se poput školskih nasilnika.

Abbaiavano come cani finti e agitavano le braccia.

Lajali su poput lažnih pasa i mahali rukama.

Arrivarono persino a cantare come galli, solo per farlo arrabbiare ancora di più.

Čak su kukurikali kao pijetlovi samo da ga još više uznemire.

Era un comportamento sciocco e Buck sapeva che era ridicolo.

Bilo je to glupo ponašanje, a Buck je znao da je smiješno.

Ma questo non fece altro che accrescere il suo senso di indignazione e vergogna.

Ali to je samo produbilo njegov osjećaj ogorčenja i srama.

Durante il viaggio la fame non lo disturbò molto.
Glad ga nije puno mučila tijekom putovanja.
Ma la sete portava con sé dolori acuti e sofferenze insopportabili.
Ali žeđ je donosila oštru bol i nepodnošljivu patnju.
La sua gola secca e infiammata e la lingua bruciavano per il calore.
Suho, upaljeno grlo i jezik pekli su ga od vrućine.
Questo dolore alimentava la febbre che cresceva nel suo corpo orgoglioso.
Ta je bol hranila groznicu koja je rasla u njegovom ponosnom tijelu.
Durante questa prova Buck fu grato per una sola cosa.
Buck je bio zahvalan na jednoj jedinoj stvari tijekom ovog suđenja.
Gli avevano tolto la corda dal grosso collo.
Uže mu je bilo skinuto s debelog vrata.
La corda aveva dato a quegli uomini un vantaggio ingiusto e crudele.
Uže je tim ljudima dalo nepravednu i okrutnu prednost.
Ora la corda non c'era più e Buck giurò che non sarebbe mai più tornata.
Sada je uže nestalo, a Buck se zakleo da se nikada neće vratiti.
Decise che nessuna corda gli sarebbe mai più passata intorno al collo.
Odlučio je da mu se više nikada nijedno uže neće omotati oko vrata.
Per due lunghi giorni e due lunghe notti soffrì senza cibo.
Dva duga dana i noći patio je bez hrane.
E in quelle ore, accumulò dentro di sé una rabbia enorme.
I u tim je satima u sebi nakupio ogroman bijes.
I suoi occhi diventarono iniettati di sangue e selvaggi per la rabbia costante.
Oči su mu postale krvave i divlje od neprestanog bijesa.
Non era più Buck, ma un demone con le fauci che schioccavano.
Više nije bio Buck, već demon s pucketavim čeljustima.

Nemmeno il Giudice avrebbe potuto riconoscere questa folle creatura.

Čak ni Sudac ne bi prepoznao ovo ludo stvorenje.

I messaggeri espressi tirarono un sospiro di sollievo quando giunsero a Seattle

Brzi glasnici su odahnuli s olakšanjem kad su stigli u Seattle

Quattro uomini sollevarono la cassa e la portarono in un cortile sul retro.

Četiri muškarca podigla su sanduk i odnijela ga u dvorište.

Il cortile era piccolo, circondato da mura alte e solide.

Dvorište je bilo malo, okruženo visokim i čvrstim zidovima.

Un uomo corpulento uscì dalla stanza con una scollatura larga e una camicia rossa.

Krupan muškarac izašao je u opuštenoj crvenoj džemperskoj košulji.

Firmò il registro delle consegne con una calligrafia spessa e decisa.

Potpisao je knjigu dostave debelim i smjelim rukopisom.

Buck intuì subito che quell'uomo era il suo prossimo aguzzino.

Buck je odmah osjetio da je ovaj čovjek njegov sljedeći mučitelj.

Si lanciò violentemente contro le sbarre, con gli occhi rossi di rabbia.

Silovito je nasrnuo na rešetke, očiju crvenih od bijesa.

L'uomo si limitò a sorridere amaramente e andò a prendere un'ascia.

Čovjek se samo mračno nasmiješio i otišao po sjekiru.

Teneva anche una mazza nella sua grossa e forte mano destra.

Također je donio palicu u svojoj debeloj i snažnoj desnoj ruci.

"Lo porterai fuori adesso?" chiese l'autista preoccupato.

„Hoćeš li ga sada izvesti?" upitao je vozač zabrinuto.

"Certo", disse l'uomo, infilando l'ascia nella cassa come se fosse una leva.

„Naravno", rekao je čovjek, zabijajući sjekiru u sanduk kao polugu.

I quattro uomini si dileguarono all'istante, saltando sul muro del cortile.

Četvorica muškaraca su se odmah razbježala, skačući na dvorišni zid.

Dai loro punti sicuri in alto, aspettavano di ammirare lo spettacolo.

Sa svojih sigurnih mjesta gore, čekali su da gledaju spektakl.

Buck si lanciò contro il legno scheggiato, mordendolo e scuotendolo violentemente.

Buck se bacio na rascijepljeno drvo, grizući i silovito tresući.

Ogni volta che l'ascia colpiva la gabbia, Buck era lì pronto ad attaccarla.

Svaki put kad bi sjekira pogodila kavez, Buck bi bio tamo da je napadne.

Ringhiò e schioccò le dita in preda a una rabbia selvaggia, desideroso di essere liberato.

Režao je i praskao od divljeg bijesa, željan da bude oslobođen.

L'uomo all'esterno era calmo e fermo, concentrato sul suo compito.

Čovjek vani bio je miran i staložen, usredotočen na svoj zadatak.

"Bene allora, diavolo dagli occhi rossi", disse quando il buco fu grande.

„U redu, vraže crvenooki", rekao je kad je rupa postala velika.

Lasciò cadere l'ascia e prese la mazza nella mano destra.

Ispustio je sjekiru i uzeo palicu u desnu ruku.

Buck sembrava davvero un diavolo: aveva gli occhi iniettati di sangue e fiammeggianti.

Buck je zaista izgledao kao vrag; oči su mu bile krvave i gorjele su.

Il suo pelo si rizzò, la schiuma gli salì alla bocca e gli occhi brillarono.

Dlaka mu se nakostriješila, pjena mu se izbijala na usta, a oči su mu svjetlucale.

Lui tese i muscoli e si lanciò dritto verso il maglione rosso.

Napeo je mišiće i skočio ravno na crveni džemper.

Centoquaranta libbre di furia si riversarono sull'uomo calmo.

Sto četrdeset funti bijesa poletjelo je na mirnog čovjeka.

Un attimo prima che le sue fauci si chiudessero, un colpo terribile lo colpì.

Neposredno prije nego što su mu se čeljusti stisnule, pogodio ga je strašan udarac.

I suoi denti si schioccarono insieme solo sull'aria

Zubi su mu škljocali samo u zraku

una scossa di dolore gli risuonò nel corpo

trzaj boli odjeknuo mu je tijelom

Si capovolse a mezz'aria e cadde sulla schiena e su un fianco.

Prevrnuo se u zraku i srušio se na leđa i bok.

Non aveva mai sentito prima un colpo di mazza e non riusciva a sostenerlo.

Nikada prije nije osjetio udarac palicom i nije ga mogao shvatiti.

Con un ringhio acuto, in parte abbaio, in parte urlo, saltò di nuovo.

Uz prodorno režanje, dijelom lavež, dijelom vrisak, ponovno je skočio.

Un altro colpo violento lo colpì e lo scaraventò a terra.

Još jedan brutalan udarac ga je pogodio i bacio na tlo.

Questa volta Buck capì: era la pesante clava dell'uomo.

Ovaj put Buck je shvatio - bila je to čovjekova teška toljaga.

Ma la rabbia lo accecò e non pensò minimamente di ritirarsi.

Ali bijes ga je zaslijepio i nije pomišljao na povlačenje.

Dodici volte si lanciò e dodici volte cadde.

Dvanaest puta se lansirao i dvanaest puta je pao.

La mazza di legno lo colpiva ogni volta con una forza spietata e schiacciante.

Drvena toljaga ga je svaki put udarala nemilosrdnom, lomljivom snagom.

Dopo un colpo violento, si rialzò barcollando, stordito e lento.

Nakon jednog žestokog udarca, teturavo se podigao na noge, ošamućen i spor.

Il sangue gli colava dalla bocca, dal naso e perfino dalle orecchie.

Krv mu je tekla iz usta, nosa, pa čak i ušiju.

Il suo mantello, un tempo bellissimo, era imbrattato di schiuma insanguinata.

Njegov nekada lijepi kaput bio je umrljan krvavom pjenom.

Poi l'uomo si fece avanti e gli sferrò un violento colpo al naso.

Tada je čovjek prišao i zadao mu žestoki udarac u nos.

L'agonia fu più acuta di qualsiasi cosa Buck avesse mai provato.

Bol je bila oštrija od svega što je Buck ikada osjetio.

Con un ruggito più da bestia che da cane, balzò di nuovo all'attacco.

S rikom više zvijerskom nego psećom, ponovno je skočio u napad.

Ma l'uomo gli afferrò la mascella inferiore e la torse all'indietro.

Ali čovjek ga je uhvatio za donju čeljust i uvrnuo je unatrag.

Buck si girò a testa in giù e cadde di nuovo violentemente al suolo.

Buck se prevrnuo naglavačke i ponovno snažno pao.

Un'ultima volta, Buck si lanciò verso di lui, ormai a malapena in grado di reggersi in piedi.

Još jednom, Buck je jurnuo na njega, jedva stojeći na nogama.

L'uomo colpì con sapiente tempismo, sferrando il colpo finale.

Čovjek je udario s vještim tajmingom, zadavši konačni udarac.

Buck crollò a terra, privo di sensi e immobile.

Buck se srušio u hrpu, bez svijesti i nepomičan.

"Non è uno stupido ad addestrare i cani, ecco cosa dico io", urlò un uomo.

„Nije on loš u dresingu pasa, to kažem", viknuo je čovjek.

"Druther può spezzare la volontà di un segugio in qualsiasi giorno della settimana."

„Druther može slomiti volju psa bilo koji dan u tjednu."

"E due volte di domenica!" aggiunse l'autista.

„I dvaput u nedjelju!" dodao je vozač.

Salì sul carro e tirò le redini per partire.

Popeo se u kola i povukao uzde da krene.

Buck riprese lentamente il controllo della sua coscienza

Buck je polako povratio kontrolu nad svojom sviješću

ma il suo corpo era ancora troppo debole e rotto per muoversi.

ali tijelo mu je još uvijek bilo preslabo i slomljeno da bi se pomaknulo.

Rimase lì dove era caduto, osservando l'uomo con il maglione rosso.

Ležao je tamo gdje je pao, promatrajući čovjeka u crvenom džemperu.

"Risponde al nome di Buck", disse l'uomo, leggendo ad alta voce.

„Odaziva se na ime Buck", rekao je čovjek čitajući naglas.

Citò la nota inviata con la cassa di Buck e i dettagli.

Citirao je poruku poslanu s Buckovim sandukom i detalje.

"Bene, Buck, ragazzo mio", continuò l'uomo con tono amichevole,

„Pa, Buck, sine moj", nastavi čovjek prijateljskim tonom,

"Abbiamo avuto il nostro piccolo litigio, e ora tra noi è finita."

"Posvađali smo se već malo, a sada je među nama gotovo."

"Tu hai imparato qual è il tuo posto, e io ho imparato qual è il mio", ha aggiunto.

„Naučio/la si gdje ti je mjesto, a ja sam naučio/la svoje", dodao je.

"Sii buono e tutto andrà bene e la vita sarà piacevole."

"Budi dobar i sve će biti dobro, a život će biti ugodan."

"Ma se sei cattivo, ti spaccherò a morte, capito?"

„Ali budi zločest, i prebit ću te na smrt, razumiješ?"

Mentre parlava, allungò la mano e accarezzò la testa dolorante di Buck.

Dok je govorio, pružio je ruku i potapšao Bucka po bolnoj glavi.

I capelli di Buck si rizzarono al tocco dell'uomo, ma lui non oppose resistenza.

Bucku se kosa digla na čovjekov dodir, ali nije se opirao.

L'uomo gli portò dell'acqua e Buck la bevve a grandi sorsi.

Čovjek mu je donio vode, koju je Buck popio u velikim gutljajima.

Poi arrivò la carne cruda, che Buck divorò pezzo per pezzo.

Zatim je došlo sirovo meso, koje je Buck proždirao komad po komadu.

Sapeva di essere stato sconfitto, ma sapeva anche di non essere distrutto.

Znao je da je poražen, ali je također znao da nije slomljen.

Non aveva alcuna possibilità contro un uomo armato di manganello.

Nije imao nikakve šanse protiv čovjeka naoružanog palicom.

Aveva imparato la verità e non dimenticò mai quella lezione.

Naučio je istinu i nikada nije zaboravio tu lekciju.

Quell'arma segnò l'inizio della legge nel nuovo mondo di Buck.

To oružje je bio početak zakona u Buckovom novom svijetu.

Fu l'inizio di un ordine duro e primitivo che non poteva negare.

Bio je to početak surovog, primitivnog poretka koji nije mogao poreći.

Accettò la verità: i suoi istinti selvaggi erano ormai risvegliati.

Prihvatio je istinu; njegovi divlji instinkti su sada bili probuđeni.

Il mondo era diventato più duro, ma Buck lo affrontò coraggiosamente.

Svijet je postao suroviji, ali Buck se hrabro suočio s tim.

Affrontò la vita con una nuova cautela, astuzia e una forza silenziosa.

Život je dočekao s novim oprezom, lukavošću i tihom snagom.

Arrivarono altri cani, legati con corde o gabbie, come era successo a Buck.

Stiglo je još pasa, vezanih užadima ili sanducima kao što je bio Buck.

Alcuni cani procedevano con calma, altri si infuriavano e combattevano come bestie feroci.

Neki su psi dolazili mirno, drugi su bjesnili i borili se kao divlje zvijeri.

Tutti loro furono sottoposti al dominio dell'uomo con il maglione rosso.

Svi su dovedeni pod vlast čovjeka u crvenom džemperu.

Ogni volta Buck osservava e vedeva svolgersi la stessa lezione.

Svaki put, Buck je promatrao i vidio kako se odvija ista lekcija.

L'uomo con la clava era la legge: un padrone a cui obbedire.

Čovjek s palicom bio je zakon; gospodar kojeg treba poslušati.

Non era necessario che gli piacesse, ma che gli si obbedisse.

Nije ga trebalo voljeti, ali ga je trebalo poslušati.

Buck non si è mai mostrato adulatore o scodinzolante come facevano i cani più deboli.

Buck se nikada nije ulizivao niti mahao kao što su to činili slabiji psi.

Vide dei cani che erano stati picchiati e che continuavano a leccare la mano dell'uomo.

Vidio je pse koji su bili pretučeni i ipak su lizali čovjeku ruku.

Vide un cane che non obbediva né si sottometteva affatto.

Vidio je jednog psa koji uopće nije htio poslušati niti se pokoriti.

Quel cane ha combattuto fino alla morte nella battaglia per il controllo.

Taj se pas borio sve dok nije poginuo u borbi za kontrolu.

A volte degli sconosciuti venivano a trovare l'uomo con il maglione rosso.

Stranci bi ponekad dolazili vidjeti čovjeka u crvenom džemperu.

Parlavano con toni strani, supplicando, contrattando e ridendo.

Govorili su čudnim tonovima, moleći, cjenkajući se i smijući se.

Dopo aver scambiato i soldi, se ne andavano con uno o più cani.

Kad bi se razmijenio novac, odlazili bi s jednim ili više pasa.

Buck si chiese dove andassero questi cani, perché nessuno faceva mai ritorno.

Buck se pitao kamo su ti psi otišli, jer se nijedan nikada nije vratio.

la paura dell'ignoto riempiva Buck ogni volta che un uomo sconosciuto si avvicinava

Strah od nepoznatog ispunjavao je Bucka svaki put kad bi došao nepoznati čovjek

era contento ogni volta che veniva preso un altro cane, al posto suo.

Bio je sretan svaki put kad bi uzeli još jednog psa, a ne njega samog.

Ma alla fine arrivò il turno di Buck con l'arrivo di uno strano uomo.

Ali konačno je došao red i na Bucka dolaskom nepoznatog čovjeka.

Era piccolo, nervoso e parlava un inglese stentato e imprecava.

Bio je malen, žilav, govorio je lošim engleskim i psovao.

"Sacredam!" urlò quando vide il corpo di Buck.

„Sacredam!" viknuo je kad je ugledao Buckovu figuru.

"Che cane maledetto e prepotente! Eh? Quanto costa?" chiese ad alta voce.

„To je jedan prokleti nasilni pas! E? Koliko?" upitao je naglas.

"Trecento, ed è un regalo a quel prezzo",

„Tristo, a za tu cijenu je pravi poklon."

"Dato che sono soldi del governo, non dovresti lamentarti, Perrault."

„Budući da je to državni novac, ne biste se trebali žaliti, Perrault."

Perrault sorrise pensando all'accordo che aveva appena concluso con quell'uomo.

Perrault se nasmiješio dogovoru koji je upravo sklopio s tim čovjekom.

Il prezzo dei cani è salito alle stelle a causa della domanda improvvisa.

Cijena pasa je naglo porasla zbog nagle potražnje.

Trecento dollari non erano ingiusti per una bestia così bella.

Tristo dolara nije bilo nepravedno za tako finu zvijer.

Il governo canadese non perderebbe nulla dall'accordo

Kanadska vlada ne bi ništa izgubila u sporazumu

Né i loro comunicati ufficiali avrebbero subito ritardi nel trasporto.

Niti bi njihove službene pošiljke kasnile u tranzitu.

Perrault conosceva bene i cani e capì che Buck era una rarità.

Perrault je dobro poznavao pse i mogao je vidjeti da je Buck nešto rijetko.

"Uno su dieci diecimila", pensò, mentre studiava la corporatura di Buck.

„Jedan od deset deset tisuća", pomislio je dok je proučavao Buckovu građu.

Buck vide il denaro cambiare di mano, ma non mostrò alcuna sorpresa.

Buck je vidio kako novac mijenja vlasnika, ali nije pokazao iznenađenje.

Poco dopo lui e Curly, un gentile Terranova, furono portati via.

Ubrzo su on i Kovrčavi, krotki newfoundlandski pas, odvedeni.

Seguirono l'omino dal cortile della casa con il maglione rosso.

Slijedili su malog čovjeka iz dvorišta crvenog džempera.

Quella fu l'ultima volta che Buck vide l'uomo con la mazza di legno.

To je bio posljednji put da je Buck ikada vidio čovjeka s drvenom palicom.

Dal ponte del Narwhal guardò Seattle svanire in lontananza.

S palube Narvala promatrao je kako Seattle nestaje u daljini.

Fu anche l'ultima volta che vide le calde terre del Sud.

To je ujedno bio i posljednji put da je ikada vidio topli Jug.

Perrault li portò sottocoperta e li lasciò con François.

Perrault ih je odveo ispod palube i ostavio s Françoisom.

François era un gigante con la faccia nera e le mani ruvide e callose.

François je bio crnoliki div s grubim, žuljevitim rukama.

Era un uomo dalla carnagione scura e dalla carnagione scura, un meticcio franco-canadese.

Bio je taman i tamnoput; mješanac Francusko-kanadskog podrijetla.

Per Buck, quegli uomini erano come non li aveva mai visti prima.

Bucku su ovi ljudi bili vrsta kakvu nikada prije nije vidio.

Nei giorni a venire avrebbe avuto modo di conoscere molti di questi uomini.

U danima koji su dolazili upoznao bi mnogo takvih ljudi.

Non cominciò ad affezionarsi a loro, ma finì per rispettarli.

Nije ih zavolio, ali ih je počeo poštovati.

Erano giusti e saggi e non si lasciavano ingannare facilmente da nessun cane.

Bili su pošteni i mudri, i nijedan ih pas nije lako prevario.

Giudicavano i cani con calma e punivano solo quando meritavano.

Pse su mirno prosuđivali i kažnjavali samo kad su ih zaslužili.

Sul ponte inferiore del Narwhal, Buck e Curly incontrarono due cani.

U donjoj palubi Narvala, Buck i Kovrčavi sreli su dva psa.

Uno era un grosso cane bianco proveniente dalle lontane e gelide isole Spitzbergen.

Jedan je bio veliki bijeli pas iz dalekog, ledenog Spitzbergena.

In passato aveva navigato su una baleniera e si era unito a un gruppo di ricerca.

Jednom je plovio s kitolovcem i pridružio se istraživačkoj skupini.

Era amichevole, ma astuto, subdolo e subdolo.

Bio je prijateljski nastrojen na lukav, podmukao i lukav način.

Al loro primo pasto, rubò un pezzo di carne dalla padella di Buck.

Na njihovom prvom obroku, ukrao je komad mesa iz Buckove tave.

Buck saltò per punirlo, ma la frusta di François colpì per prima.

Buck je skočio da ga kazni, ali Françoisov bič je prvi udario.

Il ladro bianco urlò e Buck reclamò l'osso rubato.

Bijeli lopov je kriknuo, a Buck je vratio ukradenu kost.

Questa correttezza colpì Buck e François si guadagnò il suo rispetto.

Ta pravednost impresionirala je Bucka, a François je zaslužio njegovo poštovanje.

L'altro cane non lo salutò e non volle nessuno in cambio.

Drugi pas nije pozdravio, a nije ni tražio pozdrav zauzvrat.

Non rubava il cibo, né annusava con interesse i nuovi arrivati.

Nije krao hranu, niti je sa zanimanjem njuškao novopridošle.

Questo cane era cupo e silenzioso, cupo e lento nei movimenti.

Ovaj pas je bio sumoran i tih, tmuran i sporo se kretao.

Avvertì Curly di stargli lontano semplicemente lanciandole un'occhiata fulminante.

Upozorio je Kovrčavi da se drži podalje jednostavnim pogledom prema njoj.

Il suo messaggio era chiaro: lasciatemi in pace o saranno guai.

Njegova poruka je bila jasna; ostavi me na miru ili će biti problema.

Si chiamava Dave e non faceva quasi caso a ciò che lo circondava.

Zvao se Dave i jedva je primjećivao svoju okolinu.

Dormiva spesso, mangiava tranquillamente e sbadigliava di tanto in tanto.

Često je spavao, tiho jeo i s vremena na vrijeme zijevao.

La nave ronzava costantemente con il rumore dell'elica sottostante.

Brod je neprestano zujao dok je propeler ispod udarao.

I giorni passarono senza grandi cambiamenti, ma il clima si fece più freddo.

Dani su prolazili bez ikakvih promjena, ali vrijeme je postajalo hladnije.

Buck se lo sentiva nelle ossa e notò che anche gli altri lo sentivano.

Buck je to osjećao u kostima i primijetio je da i ostali također.

Poi una mattina l'elica si fermò e tutto rimase immobile.

Onda se jednog jutra propeler zaustavio i sve je utihnulo.

Un'energia percorse la nave: qualcosa era cambiato.

Energija je prostrujala brodom; nešto se promijenilo.

François scese, li mise al guinzaglio e li portò su.

François je sišao dolje, privezao ih na povodce i doveo ih gore.

Buck uscì e trovò il terreno morbido, bianco e freddo.

Buck je izašao i otkrio da je tlo meko, bijelo i hladno.

Lui fece un balzo indietro allarmato e sbuffò in preda alla confusione più totale.

U panici je odskočio unatrag i frknuo u potpunoj zbunjenosti.

Una strana sostanza bianca cadeva dal cielo grigio.

Čudna bijela tvar padala je sa sivog neba.

Si scosse, ma i fiocchi bianchi continuavano a cadergli addosso.

Otresao se, ali bijele pahuljice su i dalje padale na njega.

Annusò attentamente la sostanza bianca e ne leccò alcuni pezzetti ghiacciati.

Pažljivo je pomirisao bijelu tvar i polizao nekoliko ledenih komadića.

La polvere bruciò come il fuoco e poi svanì subito dalla sua lingua.

Prah je gorio poput vatre, a zatim je nestao s njegovog jezika.

Buck ci riprovò, sconcertato dallo strano freddo che svaniva.

Buck je pokušao ponovno, zbunjen neobičnom nestajućom hladnoćom.

Gli uomini intorno a lui risero e Buck si sentì in imbarazzo.

Muškarci oko njega su se nasmijali, a Bucku je bilo neugodno.

Non sapeva perché, ma si vergognava della sua reazione.

Nije znao zašto, ali sramio se svoje reakcije.

Era la sua prima esperienza con la neve e la cosa lo confuse.

To je bilo njegovo prvo iskustvo sa snijegom i to ga je zbunilo.

La legge del bastone e della zanna
Zakon trefa i očnjaka

Il primo giorno di Buck sulla spiaggia di Dyea è stato un terribile incubo.

Buckov prvi dan na plaži Dyea osjećao se kao strašna noćna mora.

Ogni ora portava con sé nuovi shock e cambiamenti inaspettati per Buck.

Svaki sat je Bucku donosio nove šokove i neočekivane promjene.

Era stato strappato alla civiltà e gettato nel caos più totale.

Bio je izvučen iz civilizacije i bačen u divlji kaos.

Questa non era una vita soleggiata e pigra, fatta di noia e riposo.

Ovo nije bio sunčan, lijen život s dosadom i odmorom.

Non c'era pace, né riposo, né momento senza pericolo.

Nije bilo mira, odmora, niti trenutka bez opasnosti.

La confusione regnava su tutto e il pericolo era sempre vicino.

Zbrka je vladala svime, a opasnost je uvijek bila blizu.

Buck doveva stare attento perché quegli uomini e quei cani erano diversi.

Buck je morao ostati na oprezu jer su ovi ljudi i psi bili drugačiji.

Non provenivano da città; erano selvaggi e spietati.

Nisu bili iz gradova; bili su divlji i nemilosrdni.

Questi uomini e questi cani conoscevano solo la legge del bastone e della zanna.

Ti ljudi i psi poznavali su samo zakon toljage i očnjaka.

Buck non aveva mai visto dei cani combattere come questi feroci husky.

Buck nikada nije vidio pse da se bore kao ovi divlji haskiji.

La sua prima esperienza gli insegnò una lezione che non avrebbe mai dimenticato.

Njegovo prvo iskustvo naučilo ga je lekciji koju nikada neće zaboraviti.

Fu una fortuna che non fosse lui, altrimenti sarebbe morto anche lui.

Imao je sreće što to nije bio on, inače bi i on umro.

Curly era quello che soffriva, mentre Buck osservava e imparava.

Kovrčavi je bio taj koji je patio dok je Buck gledao i učio.

Si erano accampati vicino a un deposito costruito con tronchi.

Ulogorili su se blizu trgovine izgrađene od balvana.

Curly cercò di essere amichevole con un grosso husky simile a un lupo.

Kovrčavi se pokušao prijateljski ponašati prema velikom haskiju nalik vuku.

L'husky era più piccolo di Curly, ma aveva un aspetto selvaggio e cattivo.

Haski je bio manji od Kovrčavi, ali je izgledao divlje i zlobno.

Senza preavviso, lui saltò su e le tagliò il viso.

Bez upozorenja, skočio je i rasjekao joj lice.

Con un solo movimento i suoi denti le tagliarono l'occhio fino alla mascella.

Njegovi su joj zubi jednim potezom prerezali od oka do čeljusti.

Ecco come combattevano i lupi: colpivano velocemente e saltavano via.

Ovako su se vukovi borili - udarili su brzo i odskočili.

Ma c'era molto di più da imparare da quell'unico attacco.

Ali bilo je više toga za naučiti osim iz tog jednog napada.

Decine di husky si precipitarono dentro e formarono un cerchio silenzioso.

Deseci haskija su uletjeli i napravili tihi krug.

Osservavano attentamente e si leccavano le labbra per la fame.

Pažljivo su promatrali i oblizali usne od gladi.

Buck non capiva il loro silenzio né i loro occhi ansiosi.

Buck nije razumio njihovu šutnju ni njihove nestrpljive oči.

Curly si lanciò ad attaccare l'husky una seconda volta.

Kovrčavi je pojurio napasti haskija drugi put.

Usò il suo petto per buttarla a terra con un movimento violento.

Snažnim pokretom ju je srušio prsima.

Cadde su un fianco e non riuscì più a rialzarsi.

Pala je na bok i nije se mogla ponovo podići.

Era proprio quello che gli altri aspettavano da tempo.

To je ono što su ostali cijelo vrijeme čekali.

Gli husky le saltarono addosso, guaindo e ringhiando freneticamente.

Haskiji su skočili na nju, cikćući i režeći u bijesu.

Lei urlò mentre la seppellivano sotto una pila di cani.

Vrištala je dok su je zakopavali pod hrpu pasa.

L'attacco fu così rapido che Buck rimase immobile per lo shock.

Napad je bio toliko brz da se Buck od šoka ukočio na mjestu.

Vide Spitz tirare fuori la lingua in un modo che sembrava una risata.

Vidio je kako Spitz isplazi jezik na način koji je izgledao kao smijeh.

François afferrò un'ascia e corse dritto verso il gruppo di cani.

François je zgrabio sjekiru i potrčao ravno u skupinu pasa.

Altri tre uomini hanno usato dei manganelli per allontanare gli husky.

Trojica drugih muškaraca koristila su palice kako bi otjerali haskije.

In soli due minuti la lotta finì e i cani se ne andarono.

Za samo dvije minute, borba je bila gotova i psi su nestali.

Curly giaceva morta nella neve rossa calpestata, con il corpo fatto a pezzi.

Kovrčavi je ležala mrtva u crvenom, ugaženom snijegu, tijelo joj je bilo rastrgano.

Un uomo dalla pelle scura era in piedi davanti a lei, maledicendo la scena brutale.

Tamnoputi muškarac stajao je nad njom, proklinjući brutalni prizor.

Il ricordo rimase con Buck e ossessionò i suoi sogni notturni.

Sjećanje je ostalo s Buckom i proganjalo ga je u snovima noću.

Ecco come funzionava: niente equità, niente seconda possibilità.

Tako je ovdje bilo; bez pravednosti, bez druge prilike.

Una volta caduto un cane, gli altri lo uccidevano senza pietà.

Čim bi pas pao, ostali bi ga ubili bez milosti.

Buck decise allora che non si sarebbe mai lasciato cadere.

Buck je tada odlučio da si nikada neće dopustiti da padne.

Spitz tirò fuori di nuovo la lingua e rise guardando il sangue.

Spitz je ponovno isplazio jezik i nasmijao se krvi.

Da quel momento in poi, Buck odiò Spitz con tutto il cuore.

Od tog trenutka nadalje, Buck je svim srcem mrzio Spitza.

Prima che Buck potesse riprendersi dalla morte di Curly, accadde qualcosa di nuovo.

Prije nego što se Buck uspio oporaviti od Kovrčavijeve smrti, dogodilo se nešto novo.

François si avvicinò e legò qualcosa attorno al corpo di Buck.

François je prišao i nešto omotao Buckovo tijelo.

Era un'imbracatura simile a quelle usate per i cavalli al ranch.

Bila je to orma poput onih koje se koriste na konjima na ranču.

Così come Buck aveva visto lavorare i cavalli, ora era costretto a lavorare anche lui.

Kao što je Buck vidio konje kako rade, sada je i on bio prisiljen raditi.

Dovette trascinare François su una slitta nella foresta vicina.

Morao je vući Françoisa na sanjkama u obližnju šumu.

Poi dovette trascinare indietro un pesante carico di legna da ardere.

Zatim je morao odvući teret teškog drva za ogrjev.

Buck era orgoglioso e gli faceva male essere trattato come un animale da lavoro.

Buck je bio ponosan, pa ga je boljelo što se prema njemu ponašalo kao prema radnoj životinji.

Ma era saggio e non cercò di combattere la nuova situazione.

Ali bio je mudar i nije se pokušavao boriti protiv nove situacije.

Accettò la sua nuova vita e diede il massimo in ogni compito.

Prihvatio je svoj novi život i dao sve od sebe u svakom zadatku.

Tutto di quel lavoro gli risultava strano e sconosciuto.

Sve u vezi s poslom bilo mu je čudno i nepoznato.

François era severo e pretendeva obbedienza senza indugio.

François je bio strog i zahtijevao je poslušnost bez odgađanja.

La sua frusta garantiva che ogni comando venisse eseguito immediatamente.

Njegov bič pazio je da se svaka naredba izvrši odjednom.

Dave era il timoniere, il cane più vicino alla slitta dietro Buck.

Dave je bio vozač, pas najbliži saonicama iza Bucka.

Se commetteva un errore, Dave mordeva Buck sulle zampe posteriori.

Dave bi ugrizao Bucka za stražnje noge ako bi ovaj pogriješio.

Spitz era il cane guida, abile ed esperto nel ruolo.

Spitz je bio vodeći pas, vješt i iskusan u toj ulozi.

Spitz non riusciva a raggiungere Buck facilmente, ma lo corresse comunque.

Spitz nije mogao lako doći do Bucka, ali ga je ipak ispravio.

Ringhiava aspramente o tirava la slitta in modi che insegnavano a Buck.

Oštro je režao ili vukao saonice na načine koji su Bucka podučavali.

Grazie a questo addestramento, Buck imparò più velocemente di quanto tutti si aspettassero.

Pod ovom obukom, Buck je učio brže nego što je itko od njih očekivao.

Lavorò duramente e imparò sia da François che dagli altri cani.

Naporno je radio i učio od Françoisa i ostalih pasa.

Quando tornarono, Buck conosceva già i comandi chiave.

Dok su se vratili, Buck je već znao ključne naredbe.

Imparò a fermarsi al suono della parola "oh" di François.

Naučio je stati na zvuk "ho" od Françoisa.

Imparò quando era il momento di tirare la slitta e correre.

Naučio je kada je morao vući sanke i trčati.

Imparò a svoltare senza problemi nelle curve del sentiero.

Naučio je bez problema široko skretati u zavojima na stazi.

Imparò anche a evitare Dave quando la slitta scendeva velocemente.

Također je naučio izbjegavati Davea kada su sanjke brzo krenule nizbrdo.

"Sono cani molto buoni", disse orgoglioso François a Perrault.

„To su vrlo dobri psi", ponosno je rekao François Perraultu.

"Quel Buck tira come un dannato, glielo insegno subito."

„Taj Buck vuče kao ludo — učim ga kao nikad prije."

Più tardi quel giorno, Perrault tornò con altri due husky.

Kasnije tog dana, Perrault se vratio s još dva haskija.

Si chiamavano Billee e Joe ed erano fratelli.

Zvali su se Billee i Joe, i bili su braća.

Provenivano dalla stessa madre, ma non erano affatto simili.

Potjecali su od iste majke, ali uopće nisu bili slični.

Billee era un tipo dolce e molto amichevole con tutti.

Billee je bila blage naravi i previše prijateljski nastrojena prema svima.

Joe era l'opposto: silenzioso, arrabbiato e sempre ringhiante.

Joe je bio sušta suprotnost - tih, ljut i uvijek režeći.

Buck li salutò amichevolmente e si mantenne calmo con entrambi.
Buck ih je prijateljski pozdravio i bio je miran s obojicom.
Dave non prestò loro attenzione e rimase in silenzio come al solito.
Dave nije obraćao pažnju na njih i šutio je kao i obično.
Spitz attaccò prima Billee, poi Joe, per dimostrare la sua superiorità.
Spitz je prvo napao Billeeja, a zatim Joea, kako bi pokazao svoju dominaciju.
Billee scodinzolava e cercava di essere amichevole con Spitz.
Billee je mahao repom i pokušavao biti prijateljski nastrojen prema Spitzu.
Quando questo non funzionò, cercò di scappare.
Kad to nije uspjelo, pokušao je umjesto toga pobjeći.
Pianse tristemente quando Spitz lo morse forte sul fianco.
Tužno je plakao kad ga je Spitz snažno ugrizao u stranu.
Ma Joe era molto diverso e si rifiutava di farsi prendere in giro.
Ali Joe je bio vrlo drugačiji i odbijao je biti maltretiran.
Ogni volta che Spitz si avvicinava, Joe si girava velocemente per affrontarlo.
Svaki put kad bi se Spitz približio, Joe bi se brzo okrenuo prema njemu.
La sua pelliccia si drizzò, le sue labbra si arricciarono e i suoi denti schioccarono selvaggiamente.
Krzno mu se nakostriješilo, usne izvile, a zubi divlje škljocali.
Gli occhi di Joe brillavano di paura e rabbia, sfidando Spitz a colpire.
Joeove su oči sjale od straha i bijesa, izazivajući Spitza da udari.
Spitz abbandonò la lotta e si voltò, umiliato e arrabbiato.
Spitz je odustao od borbe i okrenuo se, ponižen i ljut.
Sfogò la sua frustrazione sul povero Billee e lo cacciò via.
Istjerao je svoju frustraciju na jadnom Billeeju i otjerao ga.
Quella sera Perrault aggiunse un altro cane alla squadra.
Te večeri, Perrault je timu dodao još jednog psa.

Questo cane era vecchio, magro e coperto di cicatrici di battaglia.

Ovaj pas je bio star, mršav i prekriven ožiljcima iz bitaka.

Gli mancava un occhio, ma l'altro brillava di potere.

Jedno mu je oko nedostajalo, ali drugo je snažno bljesnulo.

Il nome del nuovo cane era Solleks, che significa "l'Arrabbiato".

Novom psu je bilo ime Solleks, što je značilo Ljutiti.

Come Dave, Solleks non chiedeva nulla agli altri e non dava nulla in cambio.

Poput Davea, Solleks nije ništa tražio od drugih, niti je što davao zauzvrat.

Quando Solleks entrò lentamente nell'accampamento, persino Spitz rimase lontano.

Kad je Solleks polako ušao u logor, čak se i Spitz nije udaljio.

Aveva una strana abitudine che Buck ebbe la sfortuna di scoprire.

Imao je čudnu naviku koju Buck, nažalost, nije otkrio.

Solleks detestava essere avvicinato dal lato in cui era cieco.

Solleks je mrzio da mu se prilazi sa strane gdje je bio slijep.

Buck non lo sapeva e commise quell'errore per sbaglio.

Buck to nije znao i tu je grešku napravio slučajno.

Solleks si voltò di scatto e colpì la spalla di Buck in modo profondo e rapido.

Solleks se okrenuo i duboko i brzo udario Bucka u rame.

Da quel momento in poi, Buck non si avvicinò mai più al lato cieco di Solleks.

Od tog trenutka nadalje, Buck se nikada nije približio Solleksovoj slijepoj strani.

Non ebbero mai più problemi per il resto del tempo che trascorsero insieme.

Nikada više nisu imali problema do kraja vremena koje su proveli zajedno.

Solleks voleva solo essere lasciato solo, come il tranquillo Dave.

Solleks je samo želio da ga se ostavi na miru, poput tihog Davea.

Ma Buck avrebbe scoperto in seguito che ognuno di loro aveva un altro obiettivo segreto.

Ali Buck će kasnije saznati da je svaki od njih imao još jedan tajni cilj.

Quella notte Buck si trovò ad affrontare una nuova e preoccupante sfida: come dormire.

Te noći Buck se suočio s novim i mučnim izazovom - kako spavati.

La tenda era illuminata caldamente dalla luce delle candele nel campo innevato.

Šator je toplo sjao svjetlošću svijeća na snježnom polju.

Buck entrò, pensando che lì avrebbe potuto riposare come prima.

Buck je ušao unutra, misleći da se ondje može odmoriti kao i prije.

Ma Perrault e François gli urlarono contro e gli tirarono delle padelle.

Ali Perrault i François su vikali na njega i bacali tave.

Sconvolto e confuso, Buck corse fuori nel freddo gelido.

Šokiran i zbunjen, Buck je istrčao van na ledenu hladnoću.

Un vento gelido gli pungeva la spalla ferita e gli congelava le zampe.

Oštar vjetar bockao ga je u ranjeno rame i smrzavao mu šape.

Si sdraiò sulla neve e cercò di dormire all'aperto.

Legao je na snijeg i pokušao spavati vani na otvorenom.

Ma il freddo lo costrinse presto a rialzarsi, tremando forte.

Ali hladnoća ga je ubrzo prisilila da se ponovno digne, snažno se tresući.

Vagò per l'accampamento, cercando di trovare un posto più caldo.

Lutao je logorom, pokušavajući pronaći toplije mjesto.

Ma ogni angolo era freddo come quello precedente.

Ali svaki kutak bio je jednako hladan kao i onaj prethodni.

A volte dei cani feroci gli saltavano addosso dall'oscurità.

Ponekad su divlji psi skakali na njega iz tame.

Buck drizzò il pelo, scoprì i denti e ringhiò in tono ammonitore.

Buck se nakostriješio, pokazao zube i zarežao u znak upozorenja.

Lui stava imparando in fretta e gli altri cani si sono subito tirati indietro.

Brzo je učio, a ostali psi su se brzo povlačili.

Tuttavia, non aveva un posto dove dormire e non aveva idea di cosa fare.

Ipak, nije imao gdje spavati, niti je imao pojma što učiniti.

Alla fine gli venne in mente un pensiero: andare a dare un'occhiata ai suoi compagni di squadra.

Napokon mu je sinula misao - provjeriti svoje suigrače.

Ritornò nella loro zona e rimase sorpreso nel constatare che non c'erano più.

Vratio se u njihov kraj i iznenadio se kad ih je vidio da su otišli.

Cercò di nuovo nell'accampamento, ma ancora non riuscì a trovarli.

Ponovno je pretražio logor, ali ih i dalje nije mogao pronaći.

Sapeva che loro non potevano stare nella tenda, altrimenti ci sarebbe stato anche lui.

Znao je da ne smiju biti u šatoru, inače bi i on bio.

E allora, dove erano finiti tutti i cani in quell'accampamento ghiacciato?

Pa gdje su onda nestali svi psi u ovom smrznutom logoru?

Buck, infreddolito e infelice, girò lentamente intorno alla tenda.

Buck, promrzao i jadan, polako je kružio oko šatora.

All'improvviso, le sue zampe anteriori sprofondarono nella neve soffice e lo spaventarono.

Odjednom su mu prednje noge utonule u mekani snijeg i prestrašile ga.

Qualcosa si mosse sotto i suoi piedi e lui fece un salto indietro per la paura.

Nešto se migoljilo pod njegovim nogama i on je od straha odskočio unatrag.

Ringhiava e ringhiava, non sapendo cosa si nascondesse sotto la neve.

Režao je i režao, ne znajući što se krije ispod snijega.

Poi udì un piccolo abbaio amichevole che placò la sua paura.

Tada je čuo prijateljski tihi lavež koji je ublažio njegov strah.

Annusò l'aria e si avvicinò per vedere cosa fosse nascosto.

Ponjušio je zrak i prišao bliže da vidi što je skriveno.

Sotto la neve, rannicchiata in una calda palla, c'era la piccola Billee.

Pod snijegom, sklupčana u toplu lopticu, bila je mala Billee.

Billee scodinzolò e leccò il muso di Buck per salutarlo.

Billee je mahao repom i polizao Buckovo lice kako bi ga pozdravio.

Buck vide come Billee si era costruito un posto per dormire nella neve.

Buck je vidio kako je Billee napravila mjesto za spavanje u snijegu.

Aveva scavato e sfruttato il suo calore per scaldarsi.

Kopao je i koristio vlastitu toplinu da se ugrije.

Buck aveva imparato un'altra lezione: ecco come dormivano i cani.

Buck je naučio još jednu lekciju - tako su psi spavali.

Scelse un posto e cominciò a scavare la sua buca nella neve.

Odabrao je mjesto i počeo kopati vlastitu rupu u snijegu.

All'inizio si muoveva troppo e sprecava energie.

U početku se previše kretao i trošio energiju.

Ma ben presto il suo corpo riscaldò lo spazio e si sentì al sicuro.

Ali ubrzo je njegovo tijelo zagrijalo prostor i osjećao se sigurno.

Si rannicchiò forte e poco dopo si addormentò profondamente.

Čvrsto se sklupčao i ubrzo je čvrsto zaspao.

La giornata era stata lunga e dura e Buck era esausto.

Dan je bio dug i naporan, a Buck je bio iscrpljen.

Dormì profondamente e comodamente, anche se fece sogni selvaggi.

Spavao je duboko i udobno, iako su mu snovi bili divlji.

Ringhiava e abbaiava nel sonno, contorcendosi mentre sognava.

Režao je i lajao u snu, uvijajući se dok je sanjao.

Buck non si svegliò finché l'accampamento non cominciò a prendere vita.

Buck se nije probudio sve dok se logor već nije probudio.

All'inizio non sapeva dove si trovasse o cosa fosse successo.

U početku nije znao gdje je niti što se dogodilo.

La neve era caduta durante la notte e aveva seppellito completamente il suo corpo.

Snijeg je pao preko noći i potpuno zatrpao njegovo tijelo.

La neve lo circondava, fitta su tutti i lati.

Snijeg ga je pritiskao, čvrsto sa svih strana.

All'improvviso un'ondata di paura percorse tutto il corpo di Buck.

Odjednom je val straha prostrujao cijelim Buckovim tijelom.

Era la paura di rimanere intrappolati, una paura che proveniva da istinti profondi.

Bio je to strah od zarobljavanja, strah iz dubokih instinkta.

Sebbene non avesse mai visto una trappola, la paura era viva dentro di lui.

Iako nikada nije vidio zamku, strah je živio u njemu.

Era un cane addomesticato, ma ora i suoi vecchi istinti selvaggi si stavano risvegliando.

Bio je pitom pas, ali sada su se u njemu budili stari divlji instinkti.

I muscoli di Buck si irrigidirono e il pelo gli si rizzò su tutta la schiena.

Buckovi su se mišići napeli, a krzno mu se nakostriješilo po cijelim leđima.

Ringhiò furiosamente e balzò in piedi nella neve.

Žestoko je zarežao i skočio ravno kroz snijeg.

La neve volava in ogni direzione mentre lui irrompeva nella luce del giorno.

Snijeg je letio na sve strane dok je izbijao na dnevno svjetlo.

Ancora prima di atterrare, Buck vide l'accampamento disteso davanti a lui.

Čak i prije slijetanja, Buck je vidio kako se logor prostire pred njim.

Ricordò tutto del giorno prima, tutto in una volta.

Sjetio se svega od prethodnog dana, odjednom.

Ricordava di aver passeggiato con Manuel e di essere finito in quel posto.

Sjetio se šetnje s Manuelom i završetka na ovom mjestu.

Ricordava di aver scavato la buca e di essersi addormentato al freddo.

Sjetio se kako je iskopao rupu i zaspao na hladnoći.

Ora era sveglio e il mondo selvaggio intorno a lui era limpido.

Sada je bio budan, a divlji svijet oko njega bio je jasan.

Un grido di François annunciò l'improvvisa apparizione di Buck.

François je povikao pozdravom Buckovom iznenadnom pojavljivanju.

"Cosa ho detto?" gridò a gran voce il conducente del cane a Perrault.

„Što sam rekao?" glasno je povikao gonič psa Perraultu.

"Quel Buck impara sicuramente in fretta", ha aggiunto François.

„Taj Buck stvarno uči brzo kao išta", doda François.

Perrault annuì gravemente, visibilmente soddisfatto del risultato.

Perrault je ozbiljno kimnuo, očito zadovoljan rezultatom.

In qualità di corriere del governo canadese, trasportava dispacci.

Kao kurir za kanadsku vladu, nosio je depeše.

Era ansioso di trovare i cani migliori per la sua importante missione.

Bio je željan pronaći najbolje pse za svoju važnu misiju.

Ora si sentiva particolarmente contento che Buck facesse parte della squadra.

Osjećao se posebno zadovoljnim sada što je Buck bio dio tima.

Nel giro di un'ora, alla squadra furono aggiunti altri tre husky.

U roku od sat vremena timu su dodana još tri haskija.

Ciò ha portato il numero totale dei cani della squadra a nove.

Time se ukupan broj pasa u timu popeo na devet.

Nel giro di quindici minuti tutti i cani erano imbracati.

U roku od petnaest minuta svi su psi bili u svojim pojasevima.

La squadra di slitte stava risalendo il sentiero verso Dyea Cañon.

Sankaška zaprega se uspinjala stazom prema Dyea Canyonu.

Buck era contento di andarsene, anche se il lavoro che lo attendeva era duro.

Buck je bio sretan što odlazi, čak i ako je posao koji je pred njima bio težak.

Scoprì di non disprezzare particolarmente né il lavoro né il freddo.

Otkrio je da ne prezire osobito rad ili hladnoću.

Fu sorpreso dall'entusiasmo che pervadeva tutta la squadra.

Iznenadila ga je nestrpljivost koja je ispunila cijelu ekipu.

Ancora più sorprendente fu il cambiamento avvenuto in Dave e Solleks.

Još iznenađujuća bila je promjena koja je zadesila Davea i Solleksa.

Questi due cani erano completamente diversi quando venivano imbrigliati.

Ova dva psa bila su potpuno različita kada su ih upregli.

La loro passività e la loro disattenzione erano completamente scomparse.

Njihova pasivnost i nedostatak brige potpuno su nestali.

Erano attenti e attivi, desiderosi di svolgere bene il loro lavoro.

Bili su budni i aktivni te željni dobro obaviti svoj posao.

Si irritavano ferocemente per qualsiasi cosa provocasse ritardi o confusione.

Postajali su žestoko iritirani svime što je uzrokovalo kašnjenje ili zbunjenost.

Il duro lavoro sulle redini era il centro del loro intero essere.

Naporan rad na uzdama bio je središte cijelog njihovog bića.

Sembrava che l'unica cosa che gli piacesse davvero fosse tirare la slitta.

Vuča saonica činila se jedinom stvari u kojoj su istinski uživali.

Dave era in fondo al gruppo, il più vicino alla slitta.

Dave je bio na začelju grupe, najbliži samim sanjkama.

Buck fu messo davanti a Dave e Solleks superò Buck.

Buck je bio postavljen ispred Davea, a Solleks je pretrčao Bucka.

Il resto dei cani era disposto in fila indiana davanti a loro.

Ostali psi bili su razapeti naprijed u koloni za jednog.

La posizione di testa in prima linea era occupata da Spitz.

Vodeću poziciju na čelu popunio je Spitz.

Buck era stato messo tra Dave e Solleks per essere istruito.

Buck je bio postavljen između Davea i Solleksa radi instrukcija.

Lui imparava in fretta e gli insegnanti erano risoluti e capaci.

Brzo je učio, a oni su bili čvrsti i sposobni učitelji.

Non permisero mai a Buck di restare a lungo nell'errore.

Nikada nisu dopustili da Buck dugo ostane u zabludi.

Quando necessario, impartivano le lezioni con denti affilati.

Poučavali su svoje lekcije oštrim zubima kada je bilo potrebno.

Dave era giusto e dimostrava una saggezza pacata e seria.

Dave je bio pravedan i pokazivao je tihu, ozbiljnu vrstu mudrosti.

Non mordeva mai Buck senza una buona ragione.

Nikad nije ugrizao Bucka bez dobrog razloga za to.

Ma non mancava mai di mordere quando Buck aveva bisogno di essere corretto.

Ali nikad nije propustio ugristi kad je Bucku trebalo ispraviti.

La frusta di François era sempre pronta e sosteneva la loro autorità.

Françoisin bič je uvijek bio spreman i podupirao je njihov autoritet.

Buck scoprì presto che era meglio obbedire che reagire.

Buck je ubrzo shvatio da je bolje poslušati nego uzvratiti udarac.

Una volta, durante un breve riposo, Buck rimase impigliato nelle redini.

Jednom, tijekom kratkog odmora, Buck se zapetljao u uzde.

Ritardò la partenza e confuse i movimenti della squadra.

Odgodio je početak i zbunio kretanje ekipe.

Dave e Solleks si avventarono su di lui e lo picchiarono duramente.

Dave i Solleks su se navalili na njega i žestoko ga pretukli.

La situazione peggiorò ulteriormente, ma Buck imparò bene la lezione.

Zaplet se samo pogoršavao, ali Buck je dobro naučio lekciju.

Da quel momento in poi tenne le redini tese e lavorò con attenzione.

Od tada je držao uzde zategnutima i radio pažljivo.

Prima che la giornata finisse, Buck aveva portato a termine gran parte del suo compito.

Prije kraja dana, Buck je savladao veći dio svog zadatka.

I suoi compagni di squadra quasi smisero di correggerlo o di morderlo.

Njegovi suigrači gotovo su prestali ispravljati ga ili gristi.

La frusta di François schioccava nell'aria sempre meno spesso.

Françoisov bič je sve rjeđe pucketao zrakom.

Perrault sollevò addirittura i piedi di Buck ed esaminò attentamente ogni zampa.

Perrault je čak podigao Buckove noge i pažljivo pregledao svaku šapu.

Era stata una giornata di corsa dura, lunga ed estenuante per tutti loro.

Bio je to težak dan trčanja, dug i iscrpljujući za sve njih.

Risalirono il Cañon, attraversarono Sheep Camp e superarono le Scales.

Putovali su uz kanjon, kroz Ovčji logor i pored Vage.

Superarono il limite della vegetazione arborea, poi ghiacciai e cumuli di neve alti diversi metri.

Prešli su granicu šume, zatim ledenjake i snježne nanose duboke mnogo metara.

Scalarono il grande e freddo Chilkoot Divide.

Popeli su se na veliki, hladni i zastrašujući Chilkoot Divide.

Quella cresta elevata si ergeva tra l'acqua salata e l'interno ghiacciato.

Taj visoki greben stajao je između slane vode i smrznute unutrašnjosti.

Le montagne custodivano il triste e solitario Nord con ghiaccio e ripide salite.

Planine su ledom i strmim usponima čuvale tužni i usamljeni Sjever.

Scesero rapidamente lungo una lunga catena di laghi sotto la dorsale.

Dobro su se spustili niz dugi lanac jezera ispod prijevoja.

Questi laghi riempivano gli antichi crateri di vulcani spenti.

Ta su jezera ispunjavala drevne kratere ugaslih vulkana.

Quella notte tardi raggiunsero un grande accampamento presso il lago Bennett.

Kasno te noći stigli su do velikog logora na jezeru Bennett.

Migliaia di cercatori d'oro erano lì, intenti a costruire barche per la primavera.

Tisuće tragača za zlatom bile su tamo i gradile su brodove za proljeće.

Il ghiaccio si sarebbe presto rotto e dovevano essere pronti.

Led će se uskoro topiti i morali su biti spremni.

Buck scavò la sua buca nella neve e cadde in un sonno profondo.

Buck je iskopao rupu u snijegu i duboko zaspao.

Dormiva come un lavoratore, esausto dopo una dura giornata di lavoro.

Spavao je kao radnik, iscrpljen od teškog radnog dana.

Ma venne strappato al sonno troppo presto, nell'oscurità.

Ali prerano u mraku, bio je izvučen iz sna.

Fu nuovamente imbrigliato insieme ai suoi compagni e attaccato alla slitta.

Ponovno je bio upregnut sa svojim prijateljima i pričvršćen za saonice.

Quel giorno percorsero quaranta miglia, perché la neve era ben calpestata.

Tog dana su prešli četrdeset milja, jer je snijeg bio dobro utaban.

Il giorno dopo, e per molti giorni a seguire, la neve era soffice.

Sljedećeg dana, i mnogo dana nakon toga, snijeg je bio mekan.

Dovettero farsi strada da soli, lavorando di più e muovendosi più lentamente.

Morali su sami probiti put, radeći više i krećući se sporije.

Di solito, Perrault camminava davanti alla squadra con le ciaspole palmate.

Obično je Perrault hodao ispred tima s krpljama s plivaćom mrežom.

I suoi passi compattavano la neve, facilitando lo spostamento della slitta.

Njegovi su koraci utabali snijeg, olakšavajući kretanje saonica.

François, che era al timone della barca a vela, a volte prendeva il comando.

François, koji je upravljao s kormilarske motke, ponekad je preuzimao kontrolu.

Ma era raro che François prendesse l'iniziativa

Ali rijetko je François preuzimao vodstvo

perché Perrault aveva fretta di consegnare le lettere e i pacchi.

jer se Perrault žurio s dostavom pisama i paketa.

Perrault era orgoglioso della sua conoscenza della neve, e in particolare del ghiaccio.

Perrault je bio ponosan na svoje znanje o snijegu, a posebno ledu.

Questa conoscenza era essenziale perché il ghiaccio autunnale era pericolosamente sottile.

To je znanje bilo ključno, jer je jesenski led bio opasno tanak.

Dove l'acqua scorreva rapidamente sotto la superficie non c'era affatto ghiaccio.

Tamo gdje je voda brzo tekla ispod površine, uopće nije bilo leda.

Giorno dopo giorno, la stessa routine si ripeteva senza fine.
Dan za danom, ista rutina se ponavljala bez kraja.

Buck lavorava senza sosta con le redini, dall'alba alla sera.
Buck se beskrajno mučio na uzdama od zore do noći.

Lasciarono l'accampamento al buio, molto prima che sorgesse il sole.
Napustili su logor u mraku, mnogo prije nego što je sunce izašlo.

Quando spuntò l'alba, avevano già percorso molti chilometri.
Dok je svanulo, već su prešli mnogo kilometara.

Si accamparono dopo il tramonto, mangiando pesce e scavando buche nella neve.
Logor su podigli nakon mraka, jedući ribu i ukopavajući se u snijeg.

Buck era sempre affamato e non era mai veramente soddisfatto della sua razione.
Buck je uvijek bio gladan i nikad nije bio istinski zadovoljan svojom hranom.

Riceveva ogni giorno mezzo chilo di salmone essiccato.
Svaki dan je dobivao pola kilograma sušenog lososa.

Ma il cibo sembrò svanire dentro di lui, lasciandogli solo la fame.
Ali hrana kao da je nestajala u njemu, ostavljajući glad za sobom.

Soffriva di continui morsi della fame e sognava di avere più cibo.
Patio je od stalnih napadaja gladi i sanjao je o još hrane.

Gli altri cani hanno ricevuto solo mezzo chilo di cibo, ma sono rimasti forti.
Drugi psi su dobili samo pola kilograma hrane, ali su ostali jaki.

Erano più piccoli ed erano nati in una società nordica.
Bili su manji i rođeni su u sjevernjačkom načinu života.

Perse rapidamente la pignoleria che aveva caratterizzato la sua vecchia vita.

Brzo je izgubio pedantnost koja je obilježavala njegov stari
život.

**Fino a quel momento era stato un mangiatore prelibato, ma
ora non gli era più possibile.**

Bio je profinjen izjelica, ali sada to više nije bilo moguće.

**I suoi compagni arrivarono primi e gli rubarono la razione
rimasta.**

Njegovi prijatelji su prvi završili i oteli mu nedovršenu
porciju.

**Una volta cominciati, non c'era più modo di difendere il cibo
da loro.**

Kad su počeli, nije bilo načina da obrani svoju hranu od njih.

**Mentre lui lottava contro due o tre cani, gli altri rubarono il
resto.**

Dok se on borio s dva ili tri psa, ostali su ukrali ostale.

**Per risolvere il problema, cominciò a mangiare velocemente
come mangiavano gli altri.**

Da bi to popravio, počeo je jesti jednako brzo kao i ostali.

**La fame lo spingeva così forte che arrivò persino a prendere
del cibo non suo.**

Glad ga je toliko tjerala da je čak uzimao i hranu koja nije bila
njegova.

Osservò gli altri e imparò rapidamente dalle loro azioni.

Promatrao je ostale i brzo učio iz njihovih postupaka.

**Vide Pike, un nuovo cane, rubare una fetta di pancetta a
Perrault.**

Vidio je Pikea, novog psa, kako krade krišku slanine od
Perraulta.

**Pike aveva aspettato che Perrault gli voltasse le spalle per
rubare la pagnotta.**

Pike je čekao da Perrault okrene leđa kako bi ukrao slaninu.

Il giorno dopo, Buck copiò Pike e rubò l'intero pezzo.

Sljedećeg dana, Buck je kopirao Pikea i ukrao cijeli komad.

Seguì un gran tumulto, ma Buck non fu sospettato.

Uslijedila je velika buka, ali Buck nije bio sumnjiv.

**Al suo posto venne punito Dub, un cane goffo che veniva
sempre beccato.**

Umjesto toga kažnjen je Dub, nespretni pas koji se uvijek nađe uhvaćen.

Quel primo furto fece di Buck un cane adatto a sopravvivere al Nord.

Ta prva krađa označila je Bucka kao psa sposobnog preživjeti Sjever.

Ha dimostrato di sapersi adattare alle nuove condizioni e di saper imparare rapidamente.

Pokazao je da se može brzo prilagoditi novim uvjetima i učiti.

Senza tale adattabilità, sarebbe morto rapidamente e gravemente.

Bez takve prilagodljivosti, umro bi brzo i teško.

Segnò anche il crollo della sua natura morale e dei suoi valori passati.

To je također označilo slom njegove moralne prirode i prošlih vrijednosti.

Nel Southland aveva vissuto secondo la legge dell'amore e della gentilezza.

U Jugu je živio po zakonu ljubavi i dobrote.

Lì aveva senso rispettare la proprietà e i sentimenti degli altri cani.

Tamo je imalo smisla poštivati vlasništvo i osjećaje drugih pasa.

Ma i Northland seguivano la legge del bastone e la legge della zanna.

Ali Sjeverozapad je slijedio zakon palice i zakon očnjaka.

Chiunque rispettasse i vecchi valori era uno sciocco e avrebbe fallito.

Tko god je ovdje poštovao stare vrijednosti, bio je glup i propao bi.

Buck non rifletté su tutto questo nella sua mente.

Buck nije sve to razradio u sebi.

Era in forma e quindi si adattò senza pensarci due volte.

Bio je u formi pa se prilagodio bez potrebe za razmišljanjem.

In tutta la sua vita non era mai fuggito da una rissa.

Cijeli svoj život nikada nije pobjegao od borbe.

Ma la mazza di legno dell'uomo con il maglione rosso cambiò la regola.

Ali drvena palica čovjeka u crvenom džemperu promijenila je to pravilo.

Ora seguiva un codice più profondo e antico, inscritto nel suo essere.

Sada je slijedio dublji, stariji kod upisan u njegovo biće.

Non rubava per piacere, ma per il dolore della fame.

Nije krao iz zadovoljstva, već iz boli gladi.

Non rubava mai apertamente, ma rubava con astuzia e attenzione.

Nikada nije otvoreno pljačkao, već je krao lukavo i pažljivo.

Agì per rispetto verso la clava di legno e per paura delle zanne.

Djelovao je iz poštovanja prema drvenoj toljagi i straha od očnjaka.

In breve, ha fatto ciò che era più facile e sicuro che non farlo.

Ukratko, učinio je ono što je bilo lakše i sigurnije nego ne učiniti.

Il suo sviluppo, o forse il suo ritorno ai vecchi istinti, fu rapido.

Njegov razvoj - ili možda njegov povratak starim instinktima - bio je brz.

I suoi muscoli si indurirono fino a diventare forti come il ferro.

Mišići su mu se stvrdnuli sve dok nisu postali jaki poput željeza.

Non gli importava più del dolore, a meno che non fosse grave.

Više ga nije bilo briga za bol, osim ako nije bila ozbiljna.

Divenne efficiente dentro e fuori, senza sprecare nulla.

Postao je učinkovit iznutra i izvana, ne trošeći ništa uzalud.

Poteva mangiare cose disgustose, marce o difficili da digerire.

Mogao je jesti stvari koje su bile odvratne, trule ili teško probavljive.

Qualunque cosa mangiasse, il suo stomaco ne sfruttava ogni singolo pezzetto di valore.

Što god je jeo, njegov je želudac iskoristio svaki djelić vrijednosti.

Il suo sangue trasportava i nutrienti in tutto il suo potente corpo.

Njegova krv je nosila hranjive tvari daleko kroz njegovo snažno tijelo.

Ciò gli ha permesso di sviluppare tessuti forti che gli hanno conferito un'incredibile resistenza.

To je izgradilo jaka tkiva koja su mu dala nevjerojatnu izdržljivost.

La sua vista e il suo olfatto diventarono molto più sensibili di prima.

Njegov vid i njuh postali su mnogo osjetljiviji nego prije.

Il suo udito diventò così acuto che riusciva a percepire anche i suoni più deboli durante il sonno.

Sluh mu se toliko izoštrio da je mogao čuti slabe zvukove u snu.

Nei sogni sapeva se quei suoni significavano sicurezza o pericolo.

U snovima je znao znače li zvukovi sigurnost ili opasnost.

Imparò a mordere con i denti il ghiaccio tra le dita dei piedi.

Naučio je zubima gristi led između prstiju.

Se una pozza d'acqua si ghiacciava, lui rompeva il ghiaccio con le gambe.

Ako bi se pojilo zaledilo, probio bi led nogama.

Si impennò e colpì duramente il ghiaccio con gli arti anteriori rigidi.

Propeo se i snažno udario o led ukočenim prednjim udovima.

La sua abilità più sorprendente era quella di prevedere i cambiamenti del vento durante la notte.

Njegova najupečatljivija sposobnost bila je predviđanje promjena vjetra tijekom noći.

Anche quando l'aria era immobile, sceglieva luoghi riparati dal vento.

Čak i kad je zrak bio miran, birao je mjesta zaštićena od vjetra.

Ovunque scavasse il nido, il vento del giorno dopo lo superava.

Gdje god je iskopao gnijezdo, vjetar sljedećeg dana ga je prošao.

Alla fine si ritrovava sempre al sicuro e protetto, al riparo dal vento.

Uvijek je završavao udobno smješten i zaštićen, u zavjetrini od povjetarca.

Buck non solo imparò dall'esperienza: anche il suo istinto tornò.

Buck nije samo učio iz iskustva - i njegovi su se instinkti vratili.

Le abitudini delle generazioni addomesticate cominciarono a scomparire.

Navike pripitomljenih generacija počele su nestajati.

Ricordava vagamente i tempi antichi della sua razza.

Na nejasne načine, sjećao se davnih vremena svoje vrste.

Ripensò a quando i cani selvatici correvano in branco nelle foreste.

Sjetio se vremena kada su divlji psi trčali u čoporima kroz šume.

Avevano inseguito e ucciso la loro preda mentre la inseguivano.

Progonili su i ubili svoj plijen dok su ga gonili.

Per Buck fu facile imparare a combattere con forza e velocità.

Bucku je bilo lako naučiti kako se boriti zubima i brzinom.

Come i suoi antenati, usava tagli, squarci e schiocchi rapidi.

Koristio je rezove, posjekotine i brze pucketaje baš kao i njegovi preci.

Quegli antenati si risvegliarono in lui e risvegliarono la sua natura selvaggia.

Ti su se preci u njemu probudili i probudili njegovu divlju prirodu.

Le loro vecchie abilità gli erano state trasmesse attraverso la linea di sangue.

Njihove stare vještine prešle su na njega kroz krvnu lozu.

Ora i loro trucchi erano suoi, senza bisogno di pratica o sforzo.

Njihovi trikovi su sada bili njegovi, bez potrebe za vježbom ili trudom.

Nelle notti fredde e tranquille, Buck sollevava il naso e ululò.

U mirnim, hladnim noćima, Buck je dizao nos i zavijao.

Ululò a lungo e profondamente, come facevano i lupi tanto tempo fa.

Zavijao je dugo i duboko, onako kako su to vukovi činili davno prije.

Attraverso di lui, i suoi antenati defunti puntarono il naso e ulularono.

Kroz njega su njegovi mrtvi preci pokazivali nosove i zavijali.

Hanno ululato attraverso i secoli con la sua voce e la sua forma.

Zavijali su kroz stoljeća njegovim glasom i oblikom.

Le sue cadenze erano le loro, vecchi gridi che parlavano di dolore e di freddo.

Njegovi ritmovi bili su njihovi, stari krici koji su govorili o tuzi i hladnoći.

Cantavano dell'oscurità, della fame e del significato dell'inverno.

Pjevali su o tami, o gladi i značenju zime.

Buck ha dimostrato come la vita sia plasmata da forze che vanno oltre noi stessi,

Buck je dokazao kako život oblikuju sile izvan nas samih,

l'antico canto risuonò nelle vene di Buck e si impadronì della sua anima.

Drevna pjesma prostrujala je Buckom i obuzela mu dušu.

Ritrovò se stesso perché gli uomini avevano trovato l'oro nel Nord.

Pronašao se jer su ljudi pronašli zlato na Sjeveru.

E lo trovò perché Manuel, l'aiutante giardiniere, aveva bisogno di soldi.

I našao se jer je Manuelu, vrtlarovom pomoćniku, trebao novac.

La Bestia Primordiale Dominante
Dominantna Praiskonska Zvijer

La bestia primordiale dominante era più forte che mai in Buck.
Dominantna iskonska zvijer bila je u Bucku jaka kao i uvijek.
Ma la bestia primordiale dominante era rimasta dormiente in lui.
Ali dominantna iskonska zvijer drijemala je u njemu.
La vita sui sentieri era dura, ma rafforzava la bestia che era in Buck.
Život na stazi bio je surov, ali je ojačao zvijer u Bucku.
Segretamente la bestia diventava sempre più forte ogni giorno.
Zvijer je potajno postajala sve jača i jača svakim danom.
Ma quella crescita interiore è rimasta nascosta al mondo esterno.
Ali taj unutarnji rast ostao je skriven vanjskom svijetu.
Una forza primordiale calma e silenziosa si stava formando dentro Buck.
Tiha i mirna iskonska sila stvarala se u Bucku.
Una nuova astuzia diede a Buck equilibrio, calma e compostezza.
Nova lukavost dala je Bucku ravnotežu, smirenu kontrolu i staloženost.
Buck si concentrò molto sull'adattamento, senza mai sentirsi completamente rilassato.
Buck se snažno usredotočio na prilagodbu, nikada se ne osjećajući potpuno opušteno.
Evitava i conflitti, non iniziava mai litigi e non cercava mai guai.

Izbjegavao je sukobe, nikada nije započinjao svađe niti tražio probleme.

Ogni mossa di Buck era scandita da una riflessione lenta e costante.

Spora, postojana promišljenost oblikovala je svaki Buckov pokret.

Evitava scelte avventate e decisioni improvvise e sconsiderate.

Izbjegavao je brzoplete izbore i iznenadne, nepromišljene odluke.

Sebbene Buck odiasse profondamente Spitz, non gli mostrò alcuna aggressività.

Iako je Buck duboko mrzio Spitza, nije pokazivao nikakvu agresiju prema njemu.

Buck non provocò mai Spitz e mantenne le sue azioni moderate.

Buck nikada nije provocirao Spitza i držao se suzdržano u svojim postupcima.

Spitz, d'altro canto, percepì il pericolo crescente in Buck.

Spitz je, s druge strane, osjetio rastuću opasnost u Bucku.

Vedeva Buck come una minaccia e una seria sfida al suo potere.

Bucka je vidio kao prijetnju i ozbiljan izazov svojoj moći.

Coglieva ogni occasione per ringhiare e mostrare i suoi denti aguzzi.

Koristio je svaku priliku da zareži i pokaže oštre zube.

Stava cercando di dare inizio allo scontro mortale che sarebbe dovuto avvenire.

Pokušavao je započeti smrtonosnu borbu koja je morala doći.

All'inizio del viaggio, tra loro scoppiò quasi una lite.

Na početku putovanja, gotovo je izbila tučnjava među njima.

Ma un incidente inaspettato impedì che il combattimento avesse luogo.

Ali neočekivana nesreća spriječila je borbu.

Quella sera si accamparono sul gelido lago Le Barge.

Te večeri postavili su logor na jako hladnom jezeru Le Barge.

La neve cadeva fitta e il vento era tagliente come una lama.

Snijeg je padao snažno, a vjetar je rezao kao nož.

La notte era scesa troppo in fretta e l'oscurità li aveva avvolti.

Noć je pala prebrzo i obavila ih je tama.

Difficilmente avrebbero potuto scegliere un posto peggiore per riposare.

Teško su mogli odabrati gore mjesto za odmor.

I cani cercavano disperatamente un posto dove sdraiarsi.

Psi su očajnički tražili mjesto za leći.

Dietro il piccolo gruppo si ergeva un'alta parete rocciosa.

Visoki kameni zid strmo se uzdizao iza male skupine.

Per alleggerire il carico, la tenda era stata lasciata a Dyea.

Šator je bio ostavljen u Dyei kako bi se olakšao teret.

Non avevano altra scelta che accendere il fuoco direttamente sul ghiaccio.

Nisu imali drugog izbora nego zapaliti vatru na samom ledu.

Stendevano i loro accappatoi direttamente sul lago ghiacciato.

Raširili su svoje spavaćice direktno na zaleđenom jezeru.

Qualche pezzo di legno galleggiante dava loro un po' di fuoco.

Nekoliko naplavljenih drva dalo im je malo vatre.

Ma il fuoco è stato acceso sul ghiaccio e attraverso di esso si è scongelato.

Ali vatra je bila naložena na ledu i odmrznula se kroz njega.

Alla fine cenarono al buio.

Napokon su večerali u mraku.

Buck si rannicchiò accanto alla roccia, al riparo dal vento freddo.

Buck se sklupčao pokraj stijene, zaklonjen od hladnog vjetra.

Il posto era così caldo e sicuro che Buck non voleva andarsene.

Mjesto je bilo tako toplo i sigurno da se Buck mrzio odseliti.

Ma François aveva scaldato il pesce e stava distribuendo le razioni.

Ali François je podgrijao ribu i dijelio je obroke.

Buck finì di mangiare in fretta e tornò a letto.

Buck je brzo završio s jelom i vratio se u krevet.

Ma Spitz ora giaceva dove Buck aveva preparato il suo letto.
Ali Spitz je sada ležao tamo gdje mu je Buck namjestio krevet.
Un ringhio basso avvertì Buck che Spitz si rifiutava di muoversi.
Tiho režanje upozorilo je Bucka da se Spitz odbija pomaknuti.
Finora Buck aveva evitato lo scontro con Spitz.
Do sada je Buck izbjegavao ovu borbu sa Spitzom.
Ma nel profondo di Buck la bestia alla fine si liberò.
Ali duboko u Bucku, zvijer se konačno oslobodila.
Il furto del suo posto letto era troppo da tollerare.
Krađa njegovog mjesta za spavanje bila je previše za tolerirati.
Buck si lanciò contro Spitz, pieno di rabbia e furore.
Buck se bacio na Spitza, pun ljutnje i bijesa.
Fino a quel momento Spitz aveva pensato che Buck fosse solo un grosso cane.
Do nedavno, Spitz je mislio da je Buck samo veliki pas.
Non pensava che Buck fosse sopravvissuto grazie al suo spirito.
Nije mislio da je Buck preživio zahvaljujući svom duhu.
Si aspettava paura e codardia, non furia e vendetta.
Očekivao je strah i kukavičluk, a ne bijes i osvetu.
François rimase a guardare mentre entrambi i cani schizzavano fuori dal nido in rovina.
François je zurio dok su oba psa iskakala iz razorenog gnijezda.
Capì subito cosa aveva scatenato quella violenta lotta.
Odmah je shvatio što je započelo divlju borbu.
"Aa-ah!" gridò François in sostegno del cane marrone.
„Aa-ah!" uzviknuo je François podržavajući smeđeg psa.
"Dategli una bella lezione! Per Dio, punite quel ladro furbo!"
"Daj mu batine! Bože, kazni tog podmuklog lopova!"
Spitz dimostrò altrettanta prontezza e fervore nel combattere.
Spitz je pokazao jednaku spremnost i divlju želju za borbom.
Gridò di rabbia mentre girava velocemente in tondo, cercando un varco.
Bijesno je kriknuo dok je brzo kružio tražeći otvor.

Buck mostrò la stessa fame di combattere e la stessa cautela.
Buck je pokazao istu glad za borbom i isti oprez.

Anche lui girò intorno al suo avversario, cercando di avere la meglio nella battaglia.
Kružio je i oko svog protivnika, pokušavajući steći prednost u borbi.

Poi accadde qualcosa di inaspettato e cambiò tutto.
Tada se dogodilo nešto neočekivano i sve promijenilo.

Quel momento ritardò l'eventuale lotta per la leadership.
Taj trenutak je odgodio konačnu borbu za vodstvo.

Ci sarebbero ancora molti chilometri di sentiero e di lotta da percorrere prima della fine.
Mnogo kilometara puta i borbe još je čekalo do kraja.

Perrault urlò un'imprecazione mentre una mazza colpiva l'osso.
Perrault je viknuo psovku dok je toljaga udarila o kost.

Seguì un acuto grido di dolore, poi il caos esplose tutt'intorno.
Uslijedio je oštar krik boli, a zatim je kaos eksplodirao posvuda.

Forme scure si muovevano nell'accampamento: husky selvatici, affamati e feroci.
Tamne su se siluete kretale logorom; divlji haskiji, izgladnjeli i divlji.

Quattro o cinque dozzine di husky avevano fiutato l'accampamento da molto lontano.
Četiri ili pet tuceta haskija nanjušilo je logor izdaleka.

Si erano introdotti furtivamente mentre i due cani litigavano lì vicino.
Tiho su se ušuljali dok su se dva psa svađala u blizini.

François e Perrault si lanciarono all'attacco, colpendo con i manganelli gli invasori.
François i Perrault su jurnuli, zamahujući palicama prema osvajačima.

Gli husky affamati mostrarono i denti e si dibatterono freneticamente.
Izgladnjeli haskiji pokazali su zube i mahnito uzvratili.

L'odore della carne e del pane li aveva fatti superare ogni paura.

Miris mesa i kruha otjerao ih je iz ruku sav strah.

Perrault picchiò un cane che aveva nascosto la testa nella buca delle vivande.

Perrault je pretukao psa koji je zario glavu u kutiju s hranom.

Il colpo fu violento e la scatola si ribaltò, facendo fuoriuscire il cibo.

Udarac je bio snažan, kutija se prevrnula i hrana se prosula.

Nel giro di pochi secondi, una ventina di bestie feroci si avventarono sul pane e sulla carne.

Za nekoliko sekundi, desetak divljih zvijeri rastrgalo je kruh i meso.

I bastoni degli uomini sferrarono un colpo dopo l'altro, ma nessun cane si allontanò.

Muške palice su zadavale udarac za udarcem, ali nijedan pas se nije okrenuo.

Urlavano di dolore, ma continuarono a lottare finché non rimase più cibo.

Zavijali su od boli, ali su se borili sve dok im nije ostalo hrane.

Nel frattempo i cani da slitta erano saltati giù dalle loro culle innevate.

U međuvremenu, psi za vuču saonica skočili su iz svojih snježnih kreveta.

Furono immediatamente attaccati dai feroci e affamati husky.

Odmah su ih napali okrutni gladni haskiji.

Buck non aveva mai visto prima creature così selvagge e affamate.

Buck nikada prije nije vidio tako divlja i izgladnjela stvorenja.

La loro pelle pendeva flaccida, nascondendo a malapena lo scheletro.

Koža im je visjela opušteno, jedva skrivajući kosture.

C'era un fuoco nei loro occhi, per fame e follia

U njihovim očima gorjela je vatra, od gladi i ludila

Non c'era modo di fermarli, di resistere al loro assalto selvaggio.

Nije ih se moglo zaustaviti; nije se moglo oduprijeti njihovom divljem naletu.

I cani da slitta vennero spinti indietro e premuti contro la parete della scogliera.

Psi za saonice bili su odgurnuti unatrag, pritisnuti uz zid litice.

Tre husky attaccarono Buck contemporaneamente, lacerandogli la carne.

Tri haskija su odjednom napala Bucka, kidajući mu meso.

Il sangue gli colava dalla testa e dalle spalle, dove era stato tagliato.

Krv mu je curila iz glave i ramena, gdje je bio porezan.

Il rumore riempì l'accampamento: ringhi, guaiti e grida di dolore.

Buka je ispunila logor; režanje, cviljenje i bolni krici.

Billee pianse forte, come al solito, presa dal panico e dalla mischia.

Billee je glasno plakala, kao i obično, uhvaćena usred svađe i panike.

Dave e Solleks rimasero fianco a fianco, sanguinanti ma con aria di sfida.

Dave i Solleks stajali su jedan pored drugoga, krvareći, ali prkosno.

Joe lottava come un demonio, mordendo tutto ciò che gli si avvicinava.

Joe se borio kao demon, grizući sve što mu se približilo.

Con un violento schiocco di mascelle schiacciò la zampa di un husky.

Jednim brutalnim škljocanjem čeljusti zdrobio je haskiju nogu.

Pike saltò sull'husky ferito e gli ruppe il collo all'istante.

Štuka je skočila na ranjenog haskija i odmah mu slomila vrat.

Buck afferrò un husky per la gola e gli strappò la vena.

Buck je uhvatio haskija za grlo i rastrgao mu venu.

Il sangue schizzò e il sapore caldo mandò Buck in delirio.

Krv je prskala, a topli okus je Bucka izludio.

Si lanciò contro un altro aggressore senza esitazione.

Bez oklijevanja se bacio na drugog napadača.

Nello stesso momento, denti aguzzi si conficcarono nella gola di Buck.

U istom trenutku, oštri zubi zarili su se u Buckovo grlo.

Spitz aveva colpito di lato, attaccando senza preavviso.

Spitz je udario sa strane, napadajući bez upozorenja.

Perrault e François avevano sconfitto i cani rubando il cibo.

Perrault i François su pobijedili pse koji su krali hranu.

Ora si precipitarono ad aiutare i loro cani a respingere gli aggressori.

Sada su požurili pomoći svojim psima u borbi protiv napadača.

I cani affamati si ritirarono mentre gli uomini roteavano i loro manganelli.

Izgladnjeli psi su se povukli dok su muškarci zamahivali svojim palicama.

Buck riuscì a liberarsi dall'attacco, ma la fuga fu breve.

Buck se oslobodio napada, ali bijeg je bio kratak.

Gli uomini corsero a salvare i loro cani e gli husky tornarono ad attaccarli.

Muškarci su potrčali spasiti svoje pse, a haskiji su se ponovno rojili.

Billee, spaventato e coraggioso, si lanciò nel branco di cani.

Billee, prestrašena i hrabra, skočila je u čopor pasa.

Ma poi fuggì attraverso il ghiaccio, in preda al terrore e al panico.

Ali onda je pobjegao preko leda, u čistom užasu i panici.

Pike e Dub li seguirono da vicino, correndo per salvarsi la vita.

Pike i Dub su ih slijedili u stopu, bježeći spašavajući živote.

Il resto della squadra si disperse e li inseguì.

Ostatak tima se raspršio i krenuo za njima.

Buck raccolse le forze per correre, ma poi vide un lampo.

Buck je skupio snagu da potrči, ali tada je ugledao bljesak.

Spitz si lanciò verso Buck, cercando di buttarlo a terra.

Spitz se skočio na Bucka, pokušavajući ga srušiti na tlo.

Sotto quella banda di husky, Buck non avrebbe avuto scampo.

Pod tom ruljom haskija, Buck ne bi imao bijega.

Ma Buck rimase fermo e si preparò al colpo di Spitz.

Ali Buck je stajao čvrsto i pripremio se za Spitzov udarac.

Poi si voltò e corse sul ghiaccio con la squadra in fuga.

Zatim se okrenuo i istrčao na led s ekipom u bijegu.

Più tardi i nove cani da slitta si radunarono al riparo del bosco.

Kasnije se devet pasa za vuču saonica okupilo u zaklonu šume.

Nessuno li inseguiva più, ma erano malconci e feriti.

Nitko ih više nije progonio, ali su bili pretučeni i ranjeni.

Ogni cane presentava delle ferite: quattro o cinque tagli profondi su ogni corpo.

Svaki pas je imao rane; četiri ili pet dubokih posjekotina na svakom tijelu.

Dub aveva una zampa posteriore ferita e ora faceva fatica a camminare.

Dub je imao ozlijeđenu stražnju nogu i sada se mučio hodati.

Dolly, l'ultimo cane arrivato da Dyea, aveva la gola tagliata.

Dolly, najnoviji pas iz Dyee, imao je prerezan grkljan.

Joe aveva perso un occhio e l'orecchio di Billee era stato tagliato a pezzi

Joe je izgubio oko, a Billeeju je uho bilo rasječeno na komadiće.

Tutti i cani piansero per il dolore e la sconfitta durante la notte.

Svi su psi cijelu noć plakali od boli i poraza.

All'alba tornarono lentamente all'accampamento, doloranti e distrutti.

U zoru su se prikrali natrag u logor, bolni i slomljeni.

Gli husky erano scomparsi, ma il danno era fatto.

Haskiji su nestali, ali šteta je bila učinjena.

Perrault e François erano di pessimo umore e osservavano le rovine.

Perrault i François stajali su loše volje nad ruševinama.

Metà del cibo era sparito, rubato dai ladri affamati.

Polovica hrane je nestala, ukrali su je gladni lopovi.

Gli husky avevano strappato le corde e la tela della slitta.
Haskiji su prodrli kroz vezove saonica i platno.
Tutto ciò che aveva odore di cibo era stato divorato completamente.
Sve što je mirisalo na hranu bilo je potpuno proždirano.
Mangiarono un paio di stivali da viaggio in pelle di alce di Perrault.
Pojeli su par Perraultovih putnih čizama od losove kože.
Hanno masticato le pelli e rovinato i cinturini rendendoli inutilizzabili.
Žvakali su kožne reise i uništavali remene do te mjere da su bili neupotrebljivi.
François smise di fissare la frusta strappata per controllare i cani.
François je prestao zuriti u poderanu biču kako bi provjerio pse.
«Ah, amici miei», disse con voce bassa e preoccupata.
„Ah, prijatelji moji", rekao je tihim glasom punim brige.
"Forse tutti questi morsi vi trasformeranno in bestie pazze."
„Možda će vas svi ovi ugrizi pretvoriti u lude zvijeri."
"Forse tutti cani rabbiosi, sacredam! Che ne pensi, Perrault?"
„Možda su svi ludi psi, sacredam! Što misliš, Perrault?"
Perrault scosse la testa, con gli occhi scuri per la preoccupazione e la paura.
Perrault je odmahnuo glavom, oči su mu bile tamne od zabrinutosti i straha.
C'erano ancora quattrocento miglia tra loro e Dawson.
Između njih i Dawsona još je bilo četiristo milja.
La follia dei cani potrebbe ormai distruggere ogni possibilità di sopravvivenza.
Pseće ludilo sada bi moglo uništiti svaku šansu za preživljavanje.
Hanno passato due ore a imprecare e a cercare di riparare l'attrezzatura.
Proveli su dva sata psujući i pokušavajući popraviti opremu.
La squadra ferita alla fine lasciò l'accampamento, distrutta e sconfitta.

Ranjena ekipa je konačno napustila logor, slomljena i poražena.

Questo è stato il sentiero più duro finora e ogni passo è stato doloroso.

Ovo je bila najteža staza do sada, i svaki korak je bio bolan.

Il fiume Thirty Mile non era ghiacciato e scorreva impetuoso.

Rijeka Trideset milja nije se zaledila i divlje je jurila.

Soltanto nei punti calmi e nei vortici il ghiaccio riusciva a resistere.

Samo na mirnim mjestima i u vrtložnim virovima led se uspio održati.

Trascorsero sei giorni di duro lavoro per percorrere le trenta miglia.

Prošlo je šest dana teškog rada dok se trideset milja nije prešlo.

Ogni miglio del sentiero porta con sé pericoli e minacce di morte.

Svaka milja staze donosila je opasnost i prijetnju smrću.

Uomini e cani rischiavano la vita a ogni passo doloroso.

Muškarci i psi riskirali su svoje živote svakim bolnim korakom.

Perrault riuscì a superare i sottili ponti di ghiaccio una dozzina di volte.

Perrault je probijao tanke ledene mostove desetak puta.

Prese un palo e lo lasciò cadere nel buco creato dal suo corpo.

Nosio je motku i pustio je da padne preko rupe koju je napravilo njegovo tijelo.

Quel palo salvò Perrault più di una volta dall'annegamento.

Više puta je taj stup spasio Perraulta od utapanja.

L'ondata di freddo persisteva, la temperatura era di cinquanta gradi sotto zero.

Hladni val se držao čvrsto, zrak je bio pedeset stupnjeva ispod nule.

Ogni volta che cadeva, Perrault era costretto ad accendere un fuoco per sopravvivere.

Svaki put kad bi upao, Perrault je morao zapaliti vatru da bi preživio.

Gli abiti bagnati si congelavano rapidamente, perciò li faceva asciugare vicino al calore cocente.

Mokra odjeća se brzo smrzavala, pa ju je sušil blizu žarke vrućine.

Perrault non provava mai paura, e questo faceva di lui un corriere.

Perraulta nikada nije obuzeo strah, i to ga je činilo glasnikom.

Fu scelto per affrontare il pericolo e lo affrontò con silenziosa determinazione.

Bio je izabran za opasnost i suočio se s njom s tihom odlučnošću.

Si spinse in avanti controvento, con il viso raggrinzito e congelato.

Gurao se naprijed u vjetar, smežurano lice mu je bilo promrzlo.

Perrault li guidò in avanti dall'alba al tramonto.

Od slabašnog svitanja do sumraka, Perrault ih je vodio naprijed.

Camminava sul ghiaccio sottile che scricchiolava a ogni passo.

Hodao je po uskom rubu leda koji je pucao sa svakim korakom.

Non osavano fermarsi: ogni pausa rischiava di provocare un crollo mortale.

Nisu se usudili stati - svaka pauza riskirala je smrtonosni kolaps.

Una volta la slitta si ruppe, trascinando dentro Dave e Buck.

Jednom su se saonice probile, povukavši Davea i Bucka unutra.

Quando furono liberati, entrambi erano quasi congelati.

Dok su ih izvukli, oboje su bili gotovo smrznuti.

Gli uomini accesero rapidamente un fuoco per salvare Buck e Dave.

Muškarci su brzo naložili vatru kako bi Buck i Dave ostali živi.

I cani erano ricoperti di ghiaccio dal naso alla coda, rigidi come legno intagliato.

Psi su bili prekriveni ledom od nosa do repa, ukočeni poput rezbarenog drva.

Gli uomini li fecero correre in cerchio vicino al fuoco per scongelarne i corpi.

Muškarci su ih kružili blizu vatre kako bi im odmrznuli tijela.

Si avvicinarono così tanto alle fiamme che la loro pelliccia rimase bruciacchiata.

Prišli su toliko blizu plamenu da im je krzno bilo spaljeno.

Spitz ruppe poi il ghiaccio, trascinando dietro di sé la squadra.

Spitz je sljedeći probio led, povlačeći za sobom ekipu.

La frenata arrivava fino al punto in cui Buck stava tirando.

Prekid je dosezao sve do mjesta gdje je Buck vukao.

Buck si appoggiò bruscamente allo schienale, con le zampe che scivolavano e tremavano sul bordo.

Buck se snažno nagnuo unatrag, šape su mu klizile i drhtale na rubu.

Anche Dave si sforzò all'indietro, proprio dietro Buck sulla linea.

Dave se također naprezao unatrag, odmah iza Bucka na liniji.

François tirava la slitta e i suoi muscoli scricchiolavano per lo sforzo.

François je vukao sanjke, mišići su mu pucali od napora.

Un'altra volta, il ghiaccio del bordo si è crepato davanti e dietro la slitta.

Drugi put, rubni led je pukao ispred i iza saonica.

Non avevano altra via d'uscita se non quella di arrampicarsi su una parete ghiacciata.

Nisu imali drugog izlaza osim penjanja uz zaleđenu liticu.

In qualche modo Perrault riuscì a scalare il muro: un miracolo lo tenne in vita.

Perrault se nekako popeo na zid; čudo ga je održalo na životu.

François rimase sottocoperta, pregando che gli capitasse la stessa fortuna.

François je ostao dolje, moleći se za istu vrstu sreće.

Legarono ogni cinghia, legatura e tirante in un'unica lunga corda.

Svezali su svaki remen, konop i trag u jedno dugo uže.

Gli uomini trascinarono i cani uno alla volta fino in cima.

Muškarci su vukli svakog psa gore, jednog po jednog, do vrha.

François salì per ultimo, dopo la slitta e tutto il carico.

François se popeo zadnji, nakon saonica i cijelog tereta.

Poi iniziò una lunga ricerca di un sentiero che scendesse dalle scogliere.

Tada je započela duga potraga za stazom koja vodi dolje s litica.

Alla fine scesero utilizzando la stessa corda che avevano costruito.

Konačno su se spustili koristeći isto uže koje su sami napravili.

Scese la notte mentre tornavano al letto del fiume, esausti e doloranti.

Pala je noć dok su se vraćali u korito rijeke, iscrpljeni i bolni.

Avevano impiegato un giorno intero per percorrere solo un quarto di miglio.

Trebao im je cijeli dan da pređu samo četvrt milje.

Quando giunsero all'Hootalinqua, Buck era sfinito.

Dok su stigli do Hootalinque, Buck je bio iscrpljen.

Anche gli altri cani soffrivano le stesse condizioni del sentiero.

Ostali psi su jednako teško patili od uvjeta na stazi.

Ma Perrault aveva bisogno di recuperare tempo e li spingeva avanti giorno dopo giorno.

Ali Perrault je trebao nadoknaditi vrijeme i svaki ih je dan gurao naprijed.

Il primo giorno percorsero trenta miglia fino a Big Salmon.

Prvog dana putovali su trideset milja do Big Salmona.

Il giorno dopo percorsero trentacinque miglia fino a Little Salmon.

Sljedećeg dana putovali su trideset pet milja do Little Salmona.

Il terzo giorno percorsero quaranta miglia ghiacciate.

Trećeg dana su se probili kroz dugačkih četrdeset zaleđenih milja.

A quel punto si stavano avvicinando all'insediamento di Five Fingers.

Do tada su se približavali naselju Pet Prsta.

I piedi di Buck erano più morbidi di quelli duri degli husky autoctoni.

Buckove su noge bile mekše od tvrdih nogu domaćih haskija.

Le sue zampe erano diventate tenere nel corso di molte generazioni civilizzate.

Šape su mu omekšale tijekom mnogih civiliziranih generacija.

Molto tempo fa, i suoi antenati erano stati addomesticati dagli uomini del fiume o dai cacciatori.

Davno su njegove pretke pripitomili riječni ljudi ili lovci.

Ogni giorno Buck zoppicava per il dolore, camminando con le zampe screpolate e doloranti.

Buck je svaki dan šepao od boli, hodajući po izubijanim, bolnim šapama.

Giunto all'accampamento, Buck cadde come un corpo senza vita sulla neve.

U logoru, Buck se srušio poput beživotnog tijela na snijeg.

Sebbene fosse affamato, Buck non si alzò per consumare il pasto serale.

Iako je bio izgladnjen, Buck nije ustao da pojede večeru.

François portò la sua razione a Buck, mettendogli del pesce vicino al muso.

François je donio Bucku njegovu hranu, stavljajući mu ribu kraj njuške.

Ogni notte l'autista massaggiava i piedi di Buck per mezz'ora.

Svake noći vozač je masirao Buckove noge pola sata.

François arrivò persino a tagliare i suoi mocassini per farne delle calzature per cani.

François je čak i sam izrezao mokasine kako bi napravio obuću za pse.

Quattro scarpe calde diedero a Buck un grande e gradito sollievo.

Četiri tople cipele pružile su Bucku veliko i dobrodošlo olakšanje.

Una mattina François dimenticò le scarpe e Buck si rifiutò di alzarsi.

Jednog jutra, François je zaboravio cipele, a Buck je odbio ustati.

Buck giaceva sulla schiena, con i piedi in aria, e li agitava in modo pietoso.

Buck je ležao na leđima, s nogama u zraku, jadno mašući njima.

Persino Perrault sorrise alla vista dell'appello drammatico di Buck.

Čak se i Perrault nasmiješio pri pogledu na Buckovu dramatičnu molbu.

Ben presto i piedi di Buck diventarono duri e le scarpe poterono essere tolte.

Uskoro su Bucku otvrdnula stopala i cipele su se mogle baciti.

A Pelly, durante il periodo in cui veniva imbrigliata, Dolly emise un ululato terribile.

U Pellyju, za vrijeme jahanja, Dolly je ispustila strašan zavijati.

Il grido era lungo e pieno di follia, e fece tremare tutti i cani.

Krik je bio dug i ispunjen ludošću, tresući svakog psa.

Ogni cane si rizzava per la paura, senza capirne il motivo.

Svaki se pas nakostriješio od straha ne znajući razlog.

Dolly era impazzita e si era scagliata contro Buck.

Dolly je poludjela i bacila se ravno na Bucka.

Buck non aveva mai visto la follia, ma l'orrore gli riempì il cuore.

Buck nikada nije vidio ludilo, ali užas mu je ispunio srce.

Senza pensarci due volte, si voltò e fuggì in preda al panico più assoluto.

Bez razmišljanja, okrenuo se i pobjegao u potpunoj panici.

Dolly lo inseguì, con gli occhi selvaggi e la saliva che le colava dalle fauci.

Dolly ga je progonila, divljih očiju, slina joj je letjela iz čeljusti.

Si tenne sempre dietro a Buck, senza mai guadagnare terreno e senza mai indietreggiare.

Držala se odmah iza Bucka, nikada ga ne sustižući niti nazadujući.

Buck corse attraverso i boschi, giù per l'isola, sul ghiaccio frastagliato.

Buck je trčao kroz šumu, niz otok, preko nazubljenog leda.

Attraversò un'isola, poi un'altra, per poi tornare indietro verso il fiume.

Prešao je do jednog otoka, zatim do drugog, vraćajući se kružeći prema rijeci.

Dolly continuava a inseguirlo, ringhiando sempre più forte a ogni passo.

Dolly ga je i dalje progonila, režeći odmah iza sebe na svakom koraku.

Buck poteva sentire il suo respiro e la sua rabbia, anche se non osava voltarsi indietro.

Buck je mogao čuti njezin dah i bijes, iako se nije usudio pogledati unatrag.

François gridò da lontano e Buck si voltò verso la voce.

François je viknuo izdaleka, a Buck se okrenuo prema glasu.

Ancora senza fiato, Buck corse oltre, riponendo ogni speranza in François.

Još uvijek hvatajući zrak, Buck je protrčao, polažući svu nadu u Françoisa.

Il conducente del cane sollevò un'ascia e aspettò che Buck gli passasse accanto.

Vozač psa podigao je sjekiru i čekao dok je Buck proletio.

L'ascia calò rapidamente e colpì la testa di Dolly con forza mortale.

Sjekira se brzo spustila i udarila Dolly u glavu smrtonosnom snagom.

Buck crollò vicino alla slitta, ansimando e incapace di muoversi.

Buck se srušio blizu saonica, hripajući i nesposoban za kretanje.

Quel momento diede a Spitz la possibilità di colpire un nemico esausto.

Taj trenutak je Spitzu dao priliku da udari iscrpljenog protivnika.

Morse Buck due volte, strappandogli la carne fino all'osso bianco.

Dvaput je ugrizao Bucka, rastrgavši meso do bijele kosti.

La frusta di François schioccò, colpendo Spitz con tutta la sua forza, con furia.

Françoisov bič je pucketao, udarivši Spitza punom, bijesnom snagom.

Buck guardò con gioia Spitz mentre riceveva il pestaggio più duro fino a quel momento.

Buck je s radošću gledao kako Spitz prima svoje najžešće batine do sada.

«È un diavolo, quello Spitz», borbottò Perrault tra sé e sé.

„Pravi je vrag, taj Spitz", mračno je promrmljao Perrault sam sebi.

"Un giorno o l'altro, quel cane maledetto ucciderà Buck, lo giuro."

„Uskoro će taj prokleti pas ubiti Bucka - kunem se."

«Quel Buck ha due diavoli dentro di sé», rispose François annuendo.

„Taj Buck ima dva vraga u sebi", odgovori François kimajući glavom.

"Quando osservo Buck, so che dentro di lui si cela qualcosa di feroce."

„Kad gledam Bucka, znam da u njemu čeka nešto žestoko."

"Un giorno, si infurierà come il fuoco e farà a pezzi Spitz."

„Jednog dana će se razbjesniti kao vatra i rastrgati Spitza na komadiće."

"Masticherà quel cane e lo sputerà sulla neve ghiacciata."

„Prožvakat će tog psa i ispljunuti ga na smrznuti snijeg."

"Certo, lo so fin nel profondo."

„Naravno da znam to duboko u sebi."

Da quel momento in poi, i due cani furono in guerra tra loro.

Od tog trenutka nadalje, dva psa su bila u ratu.

Spitz guidava la squadra e deteneva il potere, ma Buck lo sfidava.

Spitz je predvodio momčad i imao moć, ali Buck je to osporio.

Spitz si rese conto che il suo rango era minacciato da questo strano straniero del Sud.

Spitz je vidio kako mu je rang ugrožen ovim čudnim strancem iz Južne zemlje.

Buck era diverso da tutti i cani del sud che Spitz aveva conosciuto fino ad allora.

Buck nije bio nalik nijednom južnjačkom psu kojeg je Spitz prije poznavao.

La maggior parte di loro fallì: troppo deboli per sopravvivere al freddo e alla fame.

Većina ih je propala - preslabi da bi preživjeli hladnoću i glad.

Morirono rapidamente a causa del lavoro, del gelo e del lento bruciare della carestia.

Brzo su umirali od rada, mraza i sporog žara gladi.

Buck si distingueva: ogni giorno più forte, più intelligente e più selvaggio.

Buck se izdvajao - svakim danom jači, pametniji i divljiji.

Ha prosperato nonostante le difficoltà, crescendo al pari degli husky del nord.

Napredovao je u teškoćama, rastući kako bi se mogao mjeriti sa sjevernim haskijima.

Buck era dotato di forza, abilità straordinaria e un istinto paziente e letale.

Buck je imao snagu, divlju vještinu i strpljiv, smrtonosni instinkt.

L'uomo con la mazza aveva annientato Buck per fargli perdere la temerarietà.

Čovjek s palicom je pretukao Bucka da bude nepromišljen.

La furia cieca se n'era andata, sostituita da un'astuzia silenziosa e dal controllo.

Slijepi bijes je nestao, zamijenila ga je tiha lukavština i kontrola.

Attese, calmo e primordiale, in attesa del momento giusto.

Čekao je, miran i iskonski, tražeći pravi trenutak.

La loro lotta per il comando divenne inevitabile e chiara.

Njihova borba za prevlast postala je neizbježna i jasna.

Buck desiderava la leadership perché il suo spirito la richiedeva.

Buck je želio vodstvo jer je to zahtijevao njegov duh.

Era spinto da quello strano orgoglio che nasceva dal sentiero e dall'imbracatura.

Pokretao ga je čudan ponos rođen iz staze i uprege.

Quell'orgoglio faceva sì che i cani tirassero fino a crollare sulla neve.

Taj ponos je tjerao pse da vuku dok se ne bi srušili na snijeg.

L'orgoglio li spinse a dare tutta la forza che avevano.

Ponos ih je namamio da daju svu snagu koju su imali.

L'orgoglio può trascinare un cane da slitta fino al punto di ucciderlo.

Ponos može namamiti psa za vuču saonica čak i do smrti.

Perdere l'imbracatura rendeva i cani deboli e senza scopo.

Gubitak pojasa ostavio je pse slomljene i bez svrhe.

Il cuore di un cane da slitta può essere spezzato dalla vergogna quando va in pensione.

Srce psa za vuču saonica može biti slomljeno od srama kada se povuku.

Dave viveva con questo orgoglio mentre trascinava la slitta da dietro.

Dave je živio s tim ponosom dok je vukao sanjke odostraga.

Anche Solleks diede il massimo con cupa forza e lealtà.

I Solleks je dao sve od sebe s nepokolebljivom snagom i odanošću.

Ogni mattina l'orgoglio li trasformava da amareggiati a determinati.

Svakog jutra, ponos ih je od ogorčenosti pretvarao u odlučnost.

Spinsero per tutto il giorno, poi tacquero una volta giunti alla fine dell'accampamento.

Gurali su cijeli dan, a onda su utihnuli na kraju logora.

Quell'orgoglio diede a Spitz la forza di mettere in riga i fannulloni.

Taj ponos dao je Spitzu snagu da nadmudri one koji gube namjeru.

Spitz temeva Buck perché Buck nutriva lo stesso profondo orgoglio.

Spitz se bojao Bucka jer je Buck nosio isti taj duboki ponos.

L'orgoglio di Buck ora si agitò contro Spitz, ma lui non si fermò.

Buckov se ponos sada uzburkao protiv Spitza i nije stao.

Buck sfidò il potere di Spitz e gli impedì di punire i cani.

Buck je prkosio Spitzovoj moći i spriječio ga da kažnjava pse.

Quando gli altri fallivano, Buck si frapponeva tra loro e il loro capo.

Kad su drugi podbacili, Buck je stao između njih i njihovog vođe.

Lo fece con intenzione, rendendo la sua sfida aperta e chiara.

Učinio je to s namjerom, čineći svoj izazov otvorenim i jasnim.

Una notte una forte nevicata coprì il mondo in un profondo silenzio.

Jedne noći gusti snijeg prekrio je svijet dubokom tišinom.

La mattina dopo, Pike, pigro come sempre, non si alzò per andare al lavoro.

Sljedećeg jutra, Pike, lijen kao i uvijek, nije ustao za posao.

Rimase nascosto nel suo nido sotto uno spesso strato di neve.

Ostao je skriven u svom gnijezdu pod debelim slojem snijega.

François gridò e cercò, ma non riuscì a trovare il cane.

François je dozivao i tražio, ali nije mogao pronaći psa.

Spitz si infuriò e si scagliò contro l'accampamento coperto di neve.

Spitz se razbjesnio i projurio kroz snijegom prekriveni logor.

Ringhiò e annusò, scavando freneticamente con gli occhi fiammeggianti.

Režao je i njuškao, luđački kopajući gorućim očima.

La sua rabbia era così violenta che Pike tremava sotto la neve per la paura.

Njegov bijes bio je toliko žestok da se Pike tresao pod snijegom od straha.

Quando finalmente Pike fu trovato, Spitz si lanciò per punire il cane nascosto.

Kad je Pike napokon pronađen, Spitz je skočio kazniti psa koji se skrivao.

Ma Buck si scagliò tra loro con una furia pari a quella di Spitz.

Ali Buck je skočio između njih s bijesom jednakim Spitzovom.

L'attacco fu così improvviso e astuto che Spitz cadde a terra.

Napad je bio toliko iznenadan i pametan da je Spitz pao s nogu.

Pike, che tremava, trasse coraggio da questa sfida.

Pike, koji se tresao, ohrabri se zbog ovog prkosa.

Seguendo l'audace esempio di Buck, saltò sullo Spitz caduto.

Skočio je na palog Spitza, slijedeći Buckov smjeli primjer.

Buck, non più vincolato dall'equità, si unì allo sciopero di Spitz.

Buck, više ne vezan pravičnošću, pridružio se štrajku na Spitzu.

François, divertito ma fermo nella disciplina, agitò la sua pesante frusta.

François, zabavljen, ali čvrst u disciplini, zamahnuo je svojim teškim bičem.

Colpì Buck con tutta la sua forza per interrompere la rissa.

Udario je Bucka svom snagom kako bi prekinuo borbu.

Buck si rifiutò di muoversi e rimase in groppa al capo caduto.

Buck se odbio pomaknuti i ostao je na vrhu palog vođe.

François allora usò il manico della frusta e colpì Buck con violenza.

François je zatim upotrijebio dršku biča i snažno udario Bucka.

Barcollando per il colpo, Buck cadde all'indietro sotto l'assalto.

Posrćući od udarca, Buck se srušio pod napadom.

François colpì più volte mentre Spitz puniva Pike.

François je udarao iznova i iznova dok je Spitz kažnjavao Pikea.

Passarono i giorni e Dawson City si avvicinava sempre di più.

Dani su prolazili, a Dawson City je postajao sve bliže i bliže.

Buck continuava a intromettersi, infilandosi tra Spitz e gli altri cani.

Buck se stalno miješao, uvlačeći se između Spitza i drugih pasa.

Sceglieva bene i suoi momenti, aspettando sempre che François se ne andasse.

Dobro je birao trenutke, uvijek čekajući da François ode.

La ribellione silenziosa di Buck si diffuse e il disordine prese piede nella squadra.

Buckova tiha pobuna se proširila, a nered se ukorijenio u timu.

Dave e Solleks rimasero leali, ma altri diventarono indisciplinati.

Dave i Solleks ostali su vjerni, ali drugi su postali neposlušni.

La squadra peggiorò: divenne irrequieta, litigiosa e fuori luogo.

Tim je postajao sve gori - nemiran, svađalački nastrojen i izvan okvira.

Ormai niente filava liscio e le liti diventavano all'ordine del giorno.

Ništa više nije funkcioniralo glatko, a tučnjave su postale uobičajene.

Buck rimase sempre al centro dei guai, provocando disordini.

Buck je ostao u središtu problema, uvijek izazivajući nemire.

François rimase vigile, temendo la lotta tra Buck e Spitz.

François je ostao na oprezu, bojeći se borbe između Bucka i Spitza.

Ogni notte veniva svegliato da zuffe e temeva che finalmente fosse arrivato l'inizio.

Svake noći budile su ga tučnjave, bojeći se da je konačno stigao početak.

Balzò fuori dalla veste, pronto a interrompere la rissa.

Skočio je sa svoje halje, spreman prekinuti borbu.

Ma il momento non arrivò mai e alla fine raggiunsero Dawson.

Ali taj trenutak nikada nije došao i napokon su stigli do Dawsona.

La squadra entrò in città in un pomeriggio cupo, teso e silenzioso.

Ekipa je ušla u grad jednog tmurnog poslijepodneva, napeta i tiha.

La grande battaglia per la leadership era ancora sospesa nell'aria gelida.

Velika bitka za vodstvo još je uvijek visjela u ledenom zraku.

Dawson era piena di uomini e cani da slitta, tutti impegnati nel lavoro.

Dawson je bio pun ljudi i pasa za saonice, svi zauzeti poslom.

Buck osservava i cani trainare i carichi dalla mattina alla sera.

Buck je od jutra do večeri promatrao kako psi vuku terete.

Trasportavano tronchi e legna da ardere e spedivano rifornimenti alle miniere.

Prevozili su trupce i ogrjevno drvo, prevozili zalihe u rudnike.

Nel Southland, dove un tempo lavoravano i cavalli, ora lavoravano i cani.

Tamo gdje su nekada na Jugu radili konji, sada su mučili psi.

Buck vide alcuni cani provenienti dal Sud, ma la maggior parte erano husky simili a lupi.

Buck je vidio neke pse s juga, ali većina su bili haskiji nalik vukovima.

Di notte, puntuali come un orologio, i cani alzavano la voce e cantavano.

Noću, poput sata, psi su podizali glasove u pjesmi.

Alle nove, a mezzanotte e di nuovo alle tre, il canto cominciò.

U devet, u ponoć i opet u tri, pjevanje je počelo.

Buck amava unirsi al loro canto inquietante, selvaggio e antico nel suono.

Buck se volio pridružiti njihovom jezivom napjevu, divljeg i drevnog zvuka.

L'aurora fiammeggiava, le stelle danzavano e la neve ricopriva la terra.

Aurora je plamtjela, zvijezde su plesale, a snijeg je prekrivao zemlju.

Il canto dei cani si elevava come un grido contro il silenzio e il freddo pungente.

Pseća pjesma uzdizala se kao krik protiv tišine i prodorne hladnoće.

Ma il loro urlo esprimeva tristezza, non sfida, in ogni lunga nota.

Ali njihov urlik sadržavao je tugu, a ne prkos, u svakoj dugoj noti.

Ogni lamento era pieno di supplica: il peso stesso della vita.

Svaki jecajni krik bio je pun molbe; teret samog života.

Quella canzone era vecchia, più vecchia delle città e più vecchia degli incendi

Ta pjesma je bila stara - starija od gradova i starija od požara

Quel canto era più antico perfino delle voci degli uomini.

Ta je pjesma bila drevnija čak i od ljudskih glasova.

Era una canzone del mondo dei giovani, quando tutte le canzoni erano tristi.

Bila je to pjesma iz mladog svijeta, kada su sve pjesme bile tužne.

La canzone porta con sé il dolore di innumerevoli generazioni di cani.

Pjesma je nosila tugu bezbrojnih generacija pasa.

Buck percepì profondamente la melodia, gemendo per un dolore radicato nei secoli.

Buck je duboko osjetio melodiju, stenjajući od boli ukorijenjene u stoljećima.

Singhiozzava per un dolore antico quanto il sangue selvaggio nelle sue vene.

Jecao je od tuge stare kao divlja krv u njegovim venama.

Il freddo, l'oscurità e il mistero toccarono l'anima di Buck.

Hladnoća, tama i misterij dirnuli su Buckovu dušu.

Quella canzone dimostrava quanto Buck fosse tornato alle sue origini.

Ta je pjesma dokazala koliko se Buck vratio svojim korijenima.

Tra la neve e gli ululati aveva trovato l'inizio della sua vita.

Kroz snijeg i zavijanje pronašao je početak vlastitog života.

Sette giorni dopo l'arrivo a Dawson, ripartirono.
Sedam dana nakon dolaska u Dawson, ponovno su krenuli na put.

La squadra si è lanciata dalla caserma fino allo Yukon Trail.
Tim se spustio iz vojarne do Yukon Traila.

Iniziarono il viaggio di ritorno verso Dyea e Salt Water.
Započeli su putovanje natrag prema Dyei i Salt Wateru.

Perrault trasmise dispacci ancora più urgenti di prima.
Perrault je nosio još hitnije depeše nego prije.

Era anche preso dall'orgoglio per la corsa e puntava a stabilire un record.
Također ga je obuzeo ponos na stazu i cilj mu je bio postaviti rekord.

Questa volta Perrault aveva diversi vantaggi.
Ovaj put, nekoliko prednosti bilo je na Perraultovoj strani.

I cani avevano riposato per un'intera settimana e avevano ripreso le forze.
Psi su se odmarali cijeli tjedan i povratili snagu.

La pista che avevano tracciato era ora battuta da altri.
Stazu koju su oni prokrčili sada su drugi čvrsto utabali.

In alcuni punti la polizia aveva immagazzinato cibo sia per i cani che per gli uomini.
Na nekim mjestima policija je imala uskladištenu hranu i za pse i za muškarce.

Perrault viaggiava leggero, si muoveva velocemente e aveva poco a cui aggrapparsi.
Perrault je putovao s malo prtljage, krećući se brzo i s malo što bi ga opterećivalo.

La prima sera raggiunsero la Sixty-Mile, una corsa lunga 50 miglia.
Prve noći stigli su do Šezdesete milje, trke od pedeset milja.

Il secondo giorno risalirono rapidamente lo Yukon in direzione di Pelly.
Drugog dana, jurili su uz Yukon prema Pellyju.

Ma questi grandi progressi comportarono anche molta fatica per François.

Ali takav lijep napredak došao je s velikim naporom za Françoisa.

La ribellione silenziosa di Buck aveva infranto la disciplina della squadra.

Buckova tiha pobuna uništila je disciplinu tima.

Non si univano più come un'unica bestia al comando.

Više se nisu vukli zajedno kao jedna zvijer u uzdama.

Buck aveva spinto altri alla sfida con il suo coraggioso esempio.

Buck je svojim hrabrim primjerom naveo druge na prkos.

L'ordine di Spitz non veniva più accolto con timore o rispetto.

Spitzova zapovijed više nije bila dočekana sa strahom ili poštovanjem.

Gli altri persero ogni timore reverenziale nei suoi confronti e osarono opporsi al suo governo.

Ostali su izgubili strahopoštovanje prema njemu i usudili su se oduprijeti njegovoj vladavini.

Una notte, Pike rubò mezzo pesce e lo mangiò sotto gli occhi di Buck.

Jedne noći, Pike je ukrao pola ribe i pojeo je pred Buckovim okom.

Un'altra notte, Dub e Joe combatterono contro Spitz e rimasero impuniti.

Jedne druge noći, Dub i Joe su se potukli sa Spitzom i prošli nekažnjeno.

Anche Billee gemette meno dolcemente e mostrò una nuova acutezza.

Čak je i Billee cvilila manje slatko i pokazala novu oštrinu.

Buck ringhiava a Spitz ogni volta che si incrociavano.

Buck je zarežao na Spitza svaki put kad bi im se putevi ukrstili.

L'atteggiamento di Buck divenne audace e minaccioso, quasi come quello di un bullo.

Buckov stav je postao drzak i prijeteći, gotovo poput nasilnika.

Camminava avanti e indietro davanti a Spitz con un'andatura spavalda e piena di minaccia beffarda.

Koračao je pred Spitzom s hvalisavim izrazom lica, punim podrugljive prijetnje.

Questo crollo dell'ordine si diffuse anche tra i cani da slitta.

Taj slom reda proširio se i među psima za vuču saonica.

Litigarono e discussero più che mai, riempiendo l'accampamento di rumore.

Svađali su se i prepirali više nego ikad, ispunjavajući logor bukom.

Ogni notte la vita nel campeggio si trasformava in un caos selvaggio e ululante.

Život u logoru se svake noći pretvarao u divlji, urlajući kaos.

Solo Dave e Solleks rimasero fermi e concentrati.

Samo su Dave i Solleks ostali mirni i usredotočeni.

Ma anche loro diventarono irascibili a causa delle continue risse.

Ali čak su i oni postali nagle živci zbog stalnih tučnjava.

François imprecò in lingue strane e batté i piedi per la frustrazione.

François je psovao na čudnim jezicima i frustrirano gazio nogama.

Si strappò i capelli e urlò mentre la neve gli volava sotto i piedi.

Čupao je kosu i vikao dok je snijeg letio pod njegovim nogama.

La sua frusta schioccò contro il gruppo, ma a malapena riuscì a tenerli in riga.

Bič mu je škljocnuo preko čopora, ali ih je jedva zadržao u redu.

Ogni volta che voltava le spalle, la lotta ricominciava.

Kad god bi okrenuo leđa, borba bi ponovno izbila.

François usò la frusta per Spitz, mentre Buck guidava i ribelli.

François je bičem udario Spitza, dok je Buck predvodio pobunjenike.

Ognuno conosceva il ruolo dell'altro, ma Buck evitava di addossare ogni colpa.

Svaki je znao ulogu onog drugog, ali Buck je izbjegavao bilo kakvu okrivljavanje.

François non ha mai colto Buck mentre iniziava una rissa o si sottraeva al suo lavoro.

François nikada nije uhvatio Bucka kako započinje tučnjavu ili izbjegava posao.

Buck lavorava duramente ai finimenti: la fatica ora gli dava entusiasmo.

Buck je naporno radio u ormi - naporan rad je sada uzbuđivao njegov duh.

Ma trovava ancora più gioia nel fomentare risse e caos nell'accampamento.

Ali još je više radosti pronalazio u izazivanju tučnjava i kaosa u logoru.

Una sera, alla foce del Tahkeena, Dub spaventò un coniglio.

Jedne večeri, na Tahkeeninim ustima, Dub je preplašio zeca.

Mancò la presa e il coniglio con la racchetta da neve balzò via.

Promašio je hvatanje i zec na krpljama je odskočio.

Nel giro di pochi secondi, l'intera squadra di slitte si lanciò all'inseguimento, gridando a squarciagola.

Za nekoliko sekundi, cijela zaprega je krenula u potjeru uz divlje krike.

Nelle vicinanze, un accampamento della polizia del nord-ovest ospitava cinquanta cani husky.

U blizini, u kampu sjeverozapadne policije bilo je smješteno pedeset haskija.

Si unirono alla caccia, scendendo insieme il fiume ghiacciato.

Pridružili su se lovu, zajedno jureći niz zaleđenu rijeku.

Il coniglio lasciò il fiume e fuggì lungo il letto ghiacciato di un ruscello.

Zec je skrenuo s rijeke, bježeći uz zaleđeno korito potoka.

Il coniglio saltellava leggero sulla neve mentre i cani si facevano strada a fatica.

Zec je lagano skakutao po snijegu dok su se psi probijali kroz njega.

Buck guidava l'enorme branco di sessanta cani attorno a ogni curva tortuosa.

Buck je vodio golemi čopor od šezdeset pasa oko svakog vijugavog zavoja.

Si spinse in avanti, basso e impaziente, ma non riuscì a guadagnare terreno.

Gurao se naprijed, nisko i nestrpljivo, ali nije mogao steći prednost.

Il suo corpo brillava sotto la pallida luna a ogni potente balzo.

Tijelo mu je bljesnulo pod blijedim mjesecom sa svakim snažnim skokom.

Davanti a loro, il coniglio si muoveva come un fantasma, silenzioso e troppo veloce per essere catturato.

Naprijed se zec kretao poput duha, tih i prebrz da bi ga se uhvatilo.

Tutti quei vecchi istinti, la fame, l'eccitazione, attraversarono Buck.

Svi ti stari instinkti - glad, uzbuđenje - prožimali su Bucka.

A volte gli esseri umani avvertono questo istinto e sono spinti a cacciare con armi da fuoco e proiettili.

Ljudi ponekad osjećaju taj instinkt, vođeni lovom puškom i metkom.

Ma Buck provava questa sensazione a un livello più profondo e personale.

Ali Buck je taj osjećaj osjećao na dubljoj i osobnijoj razini.

Non riuscivano a percepire la natura selvaggia nel loro sangue come Buck.

Nisu mogli osjetiti divljinu u svojoj krvi onako kako ju je Buck mogao osjetiti.

Inseguiva la carne viva, pronto a uccidere con i denti e ad assaggiare il sangue.

Jurio je za živim mesom, spreman ubiti zubima i okusiti krv.

Il suo corpo si tendeva per la gioia, desiderando immergersi nel caldo rosso della vita.

Tijelo mu se napelo od radosti, želeći se okupati u toplom crvenom životu.

Una strana gioia segna il punto più alto che la vita possa mai raggiungere.

Čudna radost označava najvišu točku koju život ikada može dosegnuti.

La sensazione di raggiungere un picco in cui i vivi dimenticano di essere vivi.

Osjećaj vrhunca gdje živi zaboravljaju da su uopće živi.

Questa gioia profonda tocca l'artista immerso in un'ispirazione ardente.

Ta duboka radost dira umjetnika izgubljenog u plamtećoj inspiraciji.

Questa gioia afferra il soldato che combatte selvaggiamente e non risparmia alcun nemico.

Ta radost obuzima vojnika koji se divlje bori i ne štedi nijednog neprijatelja.

Questa gioia ora colpì Buck mentre guidava il branco in preda alla fame primordiale.

Ta radost sada je obuzela Bucka dok je predvodio čopor u iskonskoj gladi.

Ululò con l'antico grido del lupo, emozionato per l'inseguimento.

Zavijao je drevnim vučjim krikom, uzbuđen živom potjerom.

Buck fece appello alla parte più antica di sé, persa nella natura selvaggia.

Buck je dotaknuo najstariji dio sebe, izgubljen u divljini.

Scavò in profondità dentro di sé, oltre la memoria, fino al tempo grezzo e antico.

Posegnuo je duboko u sebe, u prošlost sjećanja, u sirovo, drevno vrijeme.

Un'ondata di vita pura pervase ogni muscolo e tendine.

Val čistog života prostrujao je kroz svaki mišić i tetivu.

Ogni salto gridava che viveva, che attraversava la morte.

Svaki skok je vikao da živi, da se kreće kroz smrt.

Il suo corpo si librava gioioso su una terra immobile e fredda che non si muoveva mai.

Njegovo tijelo se radosno vinulo nad mirnom, hladnom zemljom koja se nikada nije micala.

Spitz rimase freddo e astuto anche nei suoi momenti più selvaggi.

Spitz je ostao hladan i lukav, čak i u svojim najluđim trenucima.

Lasciò il sentiero e attraversò un terreno dove il torrente formava una curva ampia.

Napustio je stazu i prešao preko zemlje gdje je potok široko zavijao.

Buck, ignaro di ciò, rimase sul sentiero tortuoso del coniglio.

Buck, nesvjestan toga, ostao je na zečjoj vijugavoj stazi.

Poi, mentre Buck svoltava dietro una curva, il coniglio spettrale si trovò davanti a lui.

Tada, dok je Buck zaobilazio zavoj, zec nalik duhu našao se pred njim.

Vide una seconda figura balzare dalla riva precedendo la preda.

Vidio je drugu figuru kako skače s obale ispred plijena.

La figura era Spitz, atterrato proprio sulla traiettoria del coniglio in fuga.

Figura je bila Spitz, koji je sletio točno na put zecu u bijegu.

Il coniglio non riuscì a girarsi e incontrò le fauci di Spitz a mezz'aria.

Zec se nije mogao okrenuti i u zraku je sreo Spitzove čeljusti.

La spina dorsale del coniglio si spezzò con un grido acuto come il grido di un essere umano morente.

Zečja kralježnica slomila se uz krik oštar poput plača umirućeg čovjeka.

A quel suono, il passaggio dalla vita alla morte, il branco ululò forte.

Na taj zvuk - pad iz života u smrt - čopor je glasno zaurlao.

Un coro selvaggio si levò da dietro Buck, pieno di oscura gioia.

Divlji zbor se podigao iza Bucka, pun mračnog užitka.

Buck non emise alcun grido, nessun suono e si lanciò dritto verso Spitz.

Buck nije kriknuo, nije ispustio ni glasa, već je jurnuo ravno na Spitza.

Mirò alla gola, ma colpì invece la spalla.

Ciljao je u grlo, ali je umjesto toga pogodio rame.

Caddero nella neve soffice, i loro corpi erano intrappolati in un combattimento.

Prevrtali su se kroz mekani snijeg; njihova su tijela bila zbijena u borbi.

Spitz balzò in piedi rapidamente, come se non fosse mai stato atterrato.

Spitz je brzo skočio, kao da nikada nije pao.

Colpì Buck alla spalla e poi balzò fuori dalla mischia.

Posjekao je Bucka po ramenu, a zatim skočio iz borbe.

Per due volte i suoi denti schioccarono come trappole d'acciaio, e le sue labbra si arricciarono e si fecero feroci.

Dvaput su mu zubi škljocnuli poput čeličnih zamki, usne su mu bile izvijene i žestoke.

Arretrò lentamente, cercando un terreno solido sotto i piedi.

Polako se povukao, tražeći čvrsto tlo pod nogama.

Buck comprese il momento all'istante e pienamente.

Buck je odmah i potpuno shvatio trenutak.

Il momento era giunto: la lotta sarebbe stata una lotta all'ultimo sangue.

Vrijeme je došlo; borba će biti borba do smrti.

I due cani giravano in cerchio, ringhiando, con le orecchie piatte e gli occhi socchiusi.

Dva psa su kružila, režeći, spljoštenih ušiju i suženih očiju.

Ogni cane aspettava che l'altro mostrasse debolezza o facesse un passo falso.

Svaki je pas čekao da onaj drugi pokaže slabost ili pogrešan korak.

Buck percepiva quella scena come stranamente nota e profondamente ricordata.

Bucku se ta scena činila jezivo poznatom i duboko zapamćenom.

I boschi bianchi, la terra fredda, la battaglia al chiaro di luna.
Bijele šume, hladna zemlja, bitka pod mjesečinom.

Un silenzio pesante, profondo e innaturale riempiva la terra.
Teška tišina ispunila je zemlju, duboka i neprirodna.

Nessun vento si alzava, nessuna foglia si muoveva, nessun suono rompeva il silenzio.
Niti jedan vjetar se nije pomaknuo, niti jedan list nije pomaknuo, niti jedan zvuk nije narušio tišinu.

Il respiro dei cani si levava come fumo nell'aria gelida e silenziosa.
Pseći dah dizao se poput dima u smrznutom, tihom zraku.

Il coniglio era stato dimenticato da tempo dal branco di animali selvatici.
Zec je bio odavno zaboravljen od strane čopora divljih zvijeri.

Questi lupi semiaddomesticati ora stavano fermi in un ampio cerchio.
Ovi polupripitomljeni vukovi sada su stajali mirno u širokom krugu.

Erano silenziosi, solo i loro occhi luminosi rivelavano la loro fame.
Bili su tihi, samo su im sjajne oči otkrivale glad.

Il loro respiro saliva, mentre osservavano l'inizio dello scontro finale.
Dah im se podigao prema gore, gledajući kako počinje posljednja borba.

Per Buck questa battaglia era vecchia e attesa, per niente strana.
Za Bucka, ova bitka je bila stara i očekivana, nimalo čudna.

Era come il ricordo di qualcosa che doveva accadere da sempre.
Osjećalo se kao sjećanje na nešto što se oduvijek trebalo dogoditi.

Spitz era un cane da combattimento addestrato, affinato da innumerevoli risse selvagge.
Špic je bio dresirani borbeni pas, izbrušen bezbrojnim divljim tučnjavama.

Dallo Spitzbergen al Canada, aveva sconfitto molti nemici.

Od Spitzbergena do Kanade, savladao je mnoge neprijatelje.

Era pieno di rabbia, ma non cedette mai il controllo alla rabbia.

Bio je ispunjen bijesom, ali nikada nije dao kontrolu nad bijesom.

La sua passione era acuta, ma sempre temperata dal duro istinto.

Njegova strast bila je oštra, ali uvijek ublažena tvrdim instinktom.

Non ha mai attaccato finché non ha avuto la sua difesa pronta.

Nikada nije napadao dok nije imao vlastitu obranu.

Buck provò più volte a raggiungere il collo vulnerabile di Spitz.

Buck je iznova i iznova pokušavao dosegnuti Spitzov ranjivi vrat.

Ma ogni colpo veniva accolto da un fendente dei denti affilati di Spitz.

Ali svaki udarac dočekan je oštrim udarcem Spitzovih oštrih zuba.

Le loro zanne si scontrarono ed entrambi i cani sanguinarono dalle labbra lacerate.

Njihovi su se očnjaci sukobili, a oba su psa prokrvarila iz razderanih usana.

Nonostante i suoi sforzi, Buck non riusciva a rompere la difesa.

Bez obzira koliko se Buck nasrtao, nije mogao probiti obranu.

Divenne sempre più furioso e si lanciò verso di lui con violente esplosioni di potenza.

Postajao je sve bjesniji, jureći s divljim naletima snage.

Buck colpì ripetutamente la bianca gola di Spitz.

Buck je iznova i iznova udarao po Spitzovom bijelom grlu.

Ogni volta Spitz schivava e contrattaccava con un morso tagliente.

Spitz je svaki put izbjegao i uzvratio oštrim ugrizom.

Poi Buck cambiò tattica, avventandosi di nuovo come se volesse colpirlo alla gola.

Tada je Buck promijenio taktiku, ponovno jurnuvši kao da želi uhvatiti za grlo.

Ma a metà attacco si è ritirato, girandosi per colpire di lato.

Ali se povukao usred napada, okrećući se da udari sa strane.

Colpì Spitz con una spallata, con l'intento di buttarlo a terra.

Ramenom je udario Spitza, ciljajući da ga sruši.

Ogni volta che ci provava, Spitz lo schivava e rispondeva con un fendente.

Svaki put kad bi pokušao, Spitz bi se izmicao i uzvraćao udarcem.

La spalla di Buck si faceva scorticare mentre Spitz si liberava dopo ogni colpo.

Bucka je rame boljelo dok je Spitz odskakivao nakon svakog udarca.

Spitz non era stato toccato, mentre Buck sanguinava dalle numerose ferite.

Spitz nije bio dotaknut, dok je Buck krvario iz mnogih rana.

Il respiro di Buck era affannoso e pesante, il suo corpo era viscido di sangue.

Buck je disao brzo i teško, tijelo mu je bilo klizavo od krvi.

La lotta diventava più brutale a ogni morso e carica.

Borba je postajala sve brutalnija sa svakim ugrizom i napadom.

Attorno a loro, sessanta cani silenziosi aspettavano che il primo cadesse.

Oko njih je šezdeset tihih pasa čekalo da prvi padne.

Se un cane fosse caduto, il branco avrebbe posto fine alla lotta.

Ako jedan pas padne, čopor će završiti borbu.

Spitz vide Buck indebolirsi e cominciò ad attaccare.

Spitz je vidio kako Buck slabi i počeo je napadati.

Mantenne Buck sbilanciato, costringendolo a lottare per restare in piedi.

Držao je Bucka izvan ravnoteže, prisiljavajući ga da se bori za ravnotežu.

Una volta Buck inciampò e cadde, e tutti i cani si rialzarono.

Jednom se Buck spotaknuo i pao, a svi psi su ustali.

Ma Buck si raddrizzò a metà caduta e tutti ricaddero.

Ali Buck se ispravio usred pada i svi su ponovno potonuli.

Buck aveva qualcosa di raro: un'immaginazione nata da un profondo istinto.

Buck je imao nešto rijetko - maštu rođenu iz dubokog instinkta.

Combatté per istinto naturale, ma combatté anche con astuzia.

Borio se prirodnim nagonom, ali se borio i lukavo.

Tornò ad attaccare come se volesse ripetere il trucco dell'attacco alla spalla.

Ponovno je jurnuo kao da ponavlja svoj trik napada ramenom.

Ma all'ultimo secondo si abbassò e passò sotto Spitz.

Ali u posljednjoj sekundi, spustio se nisko i prošao ispod Spitza.

I suoi denti si bloccarono sulla zampa anteriore sinistra di Spitz con uno schiocco.

Zubi su mu se uz škljocaj zakačili za Spitzovu prednju lijevu nogu.

Spitz ora era instabile e il suo peso gravava solo su tre zampe.

Spitz je sada stajao nesigurno, oslanjajući se na samo tri noge.

Buck colpì di nuovo e tentò tre volte di atterrarlo.

Buck je ponovno udario, tri puta ga je pokušao srušiti.

Al quarto tentativo ha usato la stessa mossa con successo

U četvrtom pokušaju uspješno je upotrijebio isti potez.

Questa volta Buck riuscì a mordere la zampa destra di Spitz.

Ovaj put Buck je uspio ugristi Spitzu desnu nogu.

Spitz, benché storpio e in agonia, continuò a lottare per sopravvivere.

Spitz, iako osakaćen i u agoniji, nastavio se boriti za preživljavanje.

Vide il cerchio degli husky stringersi, con le lingue fuori e gli occhi luminosi.

Vidio je kako se krug haskija steže, isplaženih jezika i sjajnih očiju.

Aspettarono di divorarlo, proprio come avevano fatto con gli altri.

Čekali su da ga prožderu, baš kao što su to učinili i drugima.

Questa volta era lui al centro, sconfitto e condannato.

Ovaj put, stajao je u sredini; poražen i osuđen na propast.

Ormai il cane bianco non aveva più alcuna possibilità di fuga.

Bijeli pas sada nije imao mogućnosti pobjeći.

Buck non mostrò alcuna pietà, perché la pietà non era a posto nella natura selvaggia.

Buck nije pokazao milost, jer milost nije pripadala divljini.

Buck si mosse con cautela, preparandosi per la carica finale.

Buck se kretao oprezno, pripremajući se za posljednji juriš.

Il cerchio degli husky si stringeva; lui sentiva i loro respiri caldi.

Krug haskija se zatvorio; osjetio je njihov topao dah.

Si accovacciarono, pronti a scattare quando fosse giunto il momento.

Čučnuli su nisko, spremni skočiti kad dođe trenutak.

Spitz tremava nella neve, ringhiando e cambiando posizione.

Spitz se tresao u snijegu, režeći i mijenjajući položaj.

I suoi occhi brillavano, le labbra si arricciavano, i denti brillavano in un'espressione disperata e minacciosa.

Oči su mu sijevale, usne su se izvijale, a zubi su bljeskali u očajničkoj prijetnji.

Barcollò, cercando ancora di resistere al freddo morso della morte.

Teturao je, još uvijek pokušavajući odoljeti hladnom ugrizu smrti.

Aveva già visto situazioni simili, ma sempre dalla parte dei vincitori.

To je već vidio, ali uvijek s pobjedničke strane.

Ora era dalla parte perdente; lo sconfitto; la preda; la morte.

Sada je bio na gubitničkoj strani; poraženi; plijen; smrt.

Buck si preparò al colpo finale, mentre il cerchio dei cani si faceva sempre più stretto.

Buck je kružio za konačni udarac, krug pasa se približio.

Poteva sentire i loro respiri caldi; erano pronti a uccidere.

Osjećao je njihove vruće dahove; spremni za ubojstvo.

Calò il silenzio; tutto era al suo posto; il tempo si era fermato.

Zavladala je tišina; sve je bilo na svom mjestu; vrijeme je stalo.

Persino l'aria fredda tra loro si congelò per un ultimo istante.

Čak se i hladni zrak među njima na trenutak smrznuo.

Soltanto Spitz si mosse, cercando di trattenere la sua fine amara.

Samo se Spitz pomaknuo, pokušavajući odgoditi svoj gorki kraj.

Il cerchio dei cani si stava stringendo attorno a lui, come era suo destino.

Krug pasa se stezao oko njega, kao i njegova sudbina.

Ora era disperato, sapendo cosa stava per accadere.

Sada je bio očajan, znajući što će se dogoditi.

Buck balzò dentro e la sua spalla incontrò la sua spalla per l'ultima volta.

Buck je skočio, rame je susrelo rame posljednji put.

I cani si lanciarono in avanti, nascondendo Spitz nell'oscurità della neve.

Psi su jurnuli naprijed, pokrivajući Spitza u snježnom mraku.

Buck osservava, eretto e fiero; il vincitore in un mondo selvaggio.

Buck je promatrao, stojeći uspravno; pobjednik u divljem svijetu.

La bestia primordiale dominante aveva fatto la sua uccisione, e la aveva fatta bene.

Dominantna primordijalna zvijer je počinila svoj ulov, i to je bilo dobro.

Colui che ha conquistato la maestria
Onaj koji je osvojio majstorstvo

"Eh? Cosa ho detto? Dico la verità quando dico che Buck è un diavolo."

„E? Što sam rekao? Istinu govorim kad kažem da je Buck vrag."

François raccontò questo la mattina dopo aver scoperto la scomparsa di Spitz.

François je to rekao sljedećeg jutra nakon što je pronašao Spitza nestalog.

Buck rimase lì, coperto di ferite causate dal violento combattimento.

Buck je stajao ondje, prekriven ranama od žestoke borbe.

François tirò Buck vicino al fuoco e indicò le ferite.

François je privukao Bucka blizu vatre i pokazao na ozljede.

«Quello Spitz ha combattuto come il Devik», disse Perrault, osservando i profondi tagli.

„Taj se Spitz borio kao Devik", rekao je Perrault, gledajući duboke posjekotine.

«E quel Buck si batteva come due diavoli», rispose subito François.

„I taj se Buck borio kao dva vraga", odmah je odgovorio François.

"Ora faremo buon passo; niente più Spitz, niente più guai."

„Sad ćemo dobro napredovati; nema više Spitza, nema više problema."

Perrault stava preparando l'attrezzatura e caricò la slitta con cura.

Perrault je pakirao opremu i pažljivo utovarivao sanjke.

François bardò i cani per prepararli alla corsa della giornata.

François je upregnuo pse pripremajući se za dnevno trčanje.

Buck trotterellò dritto verso la posizione di testa, precedentemente occupata da Spitz.

Buck je odmah kasom došao do vodeće pozicije koju je nekoć držao Spitz.

Ma François, senza accorgersene, condusse Solleks in prima linea.

Ali François, ne primjećujući, poveo je Solleksa naprijed.

Secondo François, Solleks era ora il miglior cane da corsa.

Po Françoisovom mišljenju, Solleks je sada bio najbolji pas za vođenje.

Buck si scagliò furioso contro Solleks e lo respinse indietro in segno di protesta.

Buck je bijesno skočio na Solleksa i u znak prosvjeda ga odgurnuo unatrag.

Si fermò dove un tempo si era fermato Spitz, rivendicando la posizione di comando.

Stajao je tamo gdje je nekoć stajao Spitz, zauzevši vodeću poziciju.

"Eh? Eh?" esclamò François, dandosi una pacca sulle cosce divertito.

„E? E?" uzviknuo je François, zabavljeno se pljeskajući po bedrima.

"Guarda Buck: ha ucciso Spitz, ora vuole prendersi il posto!"

„Pogledaj Bucka - ubio je Spitza, a sada želi preuzeti posao!"

"Vattene via, Chook!" urlò, cercando di scacciare Buck.

„Odlazi, Chook!" viknuo je, pokušavajući otjerati Bucka.

Ma Buck si rifiutò di muoversi e rimase immobile nella neve.

Ali Buck se nije htio pomaknuti i čvrsto je stajao u snijegu.

François afferrò Buck per la collottola e lo trascinò da parte.

François je zgrabio Bucka za šiju i odvukao ga u stranu.

Buck ringhiò basso e minaccioso, ma non attaccò.

Buck je tiho i prijeteći zarežao, ali nije napao.

François rimette Solleks in testa, cercando di risolvere la disputa

François je ponovno doveo Solleksa u vodstvo, pokušavajući riješiti spor

Il vecchio cane mostrò paura di Buck e non voleva restare.

Stari pas pokazao je strah od Bucka i nije htio ostati.

Quando François gli voltò le spalle, Buck scacciò di nuovo Solleks.

Kad je François okrenuo leđa, Buck je ponovno istjerao Solleksa.

Solleks non oppose resistenza e si fece di nuovo da parte in silenzio.

Solleks se nije opirao i tiho se još jednom pomaknuo u stranu.

François si arrabbiò e urlò: "Per Dio, ti sistemo!"

François se naljutio i viknuo: „Bože, popravit ću te!"

Si avvicinò a Buck tenendo in mano una pesante mazza.

Prišao je Bucku držeći tešku toljagu u ruci.

Buck ricordava bene l'uomo con il maglione rosso.

Buck se dobro sjećao čovjeka u crvenom džemperu.

Si ritirò lentamente, osservando François ma ringhiando profondamente.

Polako se povukao, promatrajući Françoisa, ali duboko režeći.

Non si affrettò a tornare indietro, nemmeno quando Solleks si mise al suo posto.

Nije se žurio natrag, čak ni kad je Solleks stao na njegovo mjesto.

Buck si girò in cerchio, appena fuori dalla sua portata, ringhiando furioso e protestando.

Buck je kružio tik izvan dosega, režeći od bijesa i prosvjeda.

Teneva gli occhi fissi sulla mazza, pronto a schivare il colpo se François l'avesse lanciata.

Držao je pogled na palici, spreman izbjeći udarac ako François baci.

Era diventato saggio e cauto nei confronti degli uomini che maneggiavano le armi.

Postao je mudar i oprezan u ponašanju naoružanih ljudi.

François si arrese e chiamò di nuovo Buck al suo vecchio posto.

François je odustao i ponovno pozvao Bucka na svoje prijašnje mjesto.

Ma Buck fece un passo indietro con cautela, rifiutandosi di obbedire all'ordine.

Ali Buck se oprezno povukao, odbijajući poslušati naredbu.

François lo seguì, ma Buck indietreggiò solo di pochi passi.

François je krenuo za njim, ali Buck se povukao samo još nekoliko koraka.

Dopo un po' François gettò a terra l'arma, frustrato.

Nakon nekog vremena, François je u frustraciji bacio oružje.

Pensava che Buck avesse paura di essere picchiato e che avrebbe fatto lo stesso senza far rumore.

Mislio je da se Buck boji batina i da će doći tiho.

Ma Buck non stava evitando la punizione: stava lottando per ottenere un rango.

Ali Buck nije izbjegavao kaznu - borio se za čin.

Si era guadagnato il posto di capobranco combattendo fino alla morte

Mjesto psa vođe zaslužio je borbom do smrti.

non si sarebbe accontentato di niente di meno che di essere il leader.

Nije se namjeravao zadovoljiti ničim manjim od toga da bude vođa.

Perrault si unì all'inseguimento per aiutare a catturare il ribelle Buck.

Perrault se uključio u potjeru kako bi pomogao uhvatiti buntovnog Bucka.

Insieme lo portarono in giro per l'accampamento per quasi un'ora.

Zajedno su ga gotovo sat vremena vozili po logoru.

Gli scagliarono contro dei bastoni, ma Buck li schivò abilmente uno per uno.

Bacali su palice na njega, ali Buck je svaku vješto izbjegao.

Maledissero lui, i suoi antenati, i suoi discendenti e ogni suo capello.

Prokleli su njega, njegove pretke, njegove potomke i svaku dlaku na njemu.

Ma Buck si limitò a ringhiare e a restare appena fuori dalla loro portata.

Ali Buck je samo zarežao i ostao izvan njihovog dohvata.

Non cercò mai di scappare, ma continuò a girare intorno all'accampamento deliberatamente.

Nikada nije pokušao pobjeći, već je namjerno kružio oko logora.

Disse chiaramente che avrebbe obbedito una volta ottenuto ciò che voleva.

Jasno je dao do znanja da će poslušati čim mu daju što želi.

Alla fine François si sedette e si grattò la testa, frustrato.

François je konačno sjeo i frustrirano se počešao po glavi.

Perrault controllò l'orologio, imprecò e borbottò qualcosa sul tempo perso.

Perrault je pogledao na sat, opsovao i promrmljao nešto o izgubljenom vremenu.

Era già trascorsa un'ora, mentre avrebbero dovuto essere sulle tracce.

Već je prošao sat vremena kada su trebali biti na stazi.

François alzò le spalle timidamente, guardando il corriere, che sospirò sconfitto.

François je posramljeno slegnuo ramenima prema kuriru, koji je poraženo uzdahnuo.

Poi François si avvicinò a Solleks e chiamò ancora una volta Buck.

Zatim je François otišao do Solleksa i još jednom pozvao Bucka.

Buck rise come ride un cane, ma mantenne una cauta distanza.

Buck se smijao kao što se pas smije, ali je držao opreznu distancu.

François tolse l'imbracatura a Solleks e lo rimise al suo posto.

François je skinuo Solleksu pojas i vratio ga na njegovo mjesto.

La squadra di slittini era completamente imbracata, con un solo posto libero.

Zaprežna zaprega stajala je potpuno upregnuta, s samo jednim slobodnim mjestom.

La posizione di comando rimase vuota, chiaramente riservata solo a Buck.

Vodeća pozicija ostala je prazna, očito namijenjena samo Bucku.

François chiamò di nuovo e di nuovo Buck rise e mantenne la sua posizione.

François je ponovno doviknuo, a Buck se ponovno nasmijao i ostao pri svome.

«Gettate giù la mazza», ordinò Perrault senza esitazione.

„Bacite palicu", naredio je Perrault bez oklijevanja.

François obbedì e Buck si lanciò subito avanti con orgoglio.

François je poslušao, a Buck je odmah ponosno krenuo naprijed.

Rise trionfante e assunse la posizione di comando.

Trijumfalno se nasmijao i zauzeo vodeću poziciju.

François fissò le corde e la slitta si staccò.

François je osigurao svoje tragove i saonice su se otkinule.

Entrambi gli uomini corsero fianco a fianco mentre la squadra si lanciava lungo il sentiero del fiume.

Obojica muškaraca trčala su pokraj njih dok je tim jurio stazom uz rijeku.

François aveva avuto una grande stima dei "due diavoli" di Buck,

François je imao visoko mišljenje o Buckovim „dva vragovima"

ma ben presto si rese conto di aver in realtà sottovalutato il cane.

ali ubrzo je shvatio da je zapravo podcijenio psa.

Buck assunse rapidamente la leadership e si comportò in modo eccellente.

Buck je brzo preuzeo vodstvo i pokazao izvrsnost.

Buck superò Spitz per capacità di giudizio, rapidità di pensiero e rapidità di azione.

U prosudbi, brzom razmišljanju i brzom djelovanju, Buck je nadmašio Spitza.

François non aveva mai visto un cane pari a quello che Buck mostrava ora.

François nikada nije vidio psa ravnog onome što je Buck sada pokazao.

Ma Buck eccelleva davvero nel far rispettare l'ordine e nel imporre rispetto.

Ali Buck je zaista briljirao u provođenju reda i izazivanju poštovanja.

Dave e Solleks accettarono il cambiamento senza preoccupazioni o proteste.

Dave i Solleks prihvatili su promjenu bez brige ili prosvjeda.

Si concentravano solo sul lavoro e tiravano forte le redini.

Usredotočili su se samo na rad i snažno povlačenje uzdi.

A loro importava poco chi guidasse, purché la slitta continuasse a muoversi.

Nije ih bilo briga tko vodi, sve dok su se saonice kretale.

Billee, quella allegra, avrebbe potuto comandare per quel che volevano.

Billee, vesela, mogla je voditi koliko god ih je bilo briga.

Ciò che contava per loro era la pace e l'ordine tra i ranghi.

Ono što im je bilo važno bio je mir i red u redovima.

Il resto della squadra era diventato indisciplinato durante il declino di Spitz.

Ostatak tima postao je neposlušan tijekom Spitzovog pada.

Rimasero scioccati quando Buck li riportò immediatamente all'ordine.

Bili su šokirani kad ih je Buck odmah doveo u red.

Pike era sempre stato pigro e aveva sempre tergiversato dietro a Buck.

Pike je oduvijek bio lijen i vukao se za Buckom.

Ma ora è stato severamente disciplinato dalla nuova leadership.

Ali sada ga je novo vodstvo oštro discipliniralo.

E imparò rapidamente a dare il suo contributo alla squadra.

I brzo je naučio preuzeti svoju ulogu u timu.

Alla fine della giornata, Pike lavorò più duramente che mai.

Do kraja dana, Pike je radio više nego ikad prije.

Quella notte all'accampamento, Joe, il cane scontroso, fu finalmente domato.

Te noći u kampu, Joe, mrzovoljni pas, konačno je bio svladan.

Spitz non era riuscito a disciplinarlo, ma Buck non aveva fallito.

Spitz ga nije uspio disciplinirati, ali Buck nije podbacio.

Sfruttando il suo peso maggiore, Buck sopraffece Joe in pochi secondi.

Koristeći svoju veću težinu, Buck je u sekundama svladao Joea.

Morse e picchiò Joe finché questi non si mise a piagnucolare e smise di opporre resistenza.

Grizao je i udarao Joea sve dok ovaj nije zacvilio i prestao se opirati.

Da quel momento in poi l'intera squadra migliorò.

Cijeli tim se poboljšao od tog trenutka nadalje.

I cani ritrovarono la loro antica unità e disciplina.

Psi su ponovno stekli staro jedinstvo i disciplinu.

A Rink Rapids si sono uniti al gruppo due nuovi husky autoctoni, Teek e Koona.

U Rink Rapidsu su se pridružila dva nova domaća haskija, Teek i Koona.

La rapidità con cui Buck li addestramento stupì perfino François.

Buckova brza obuka zapanjila je čak i Françoisa.

"Non è mai esistito un cane come quel Buck!" esclamò stupito.

„Nikad nije bilo takvog psa kao što je taj Buck!" uzviknuo je u čudu.

"No, mai! Vale mille dollari, per Dio!"

„Ne, nikad! Vrijedi tisuću dolara, Bože!"

"Eh? Che ne dici, Perrault?" chiese con orgoglio.

„E? Što kažeš, Perrault?" upitao je s ponosom.

Perrault annuì in segno di assenso e controllò i suoi appunti.

Perrault je kimnuo u znak slaganja i provjerio svoje bilješke.

Siamo già in anticipo sui tempi e guadagniamo sempre di più ogni giorno.

Već smo ispred roka i svakim danom dobivamo sve više.

Il sentiero era compatto e liscio, senza neve fresca.

Staza je bila tvrdo utabana i glatka, bez svježeg snijega.

Il freddo era costante, con temperature che si aggiravano sempre sui cinquanta gradi sotto zero.

Hladnoća je bila stalna, cijelo vrijeme se kretala oko pedeset stupnjeva ispod nule.

Per scaldarsi e guadagnare tempo, gli uomini si alternavano a cavallo e a correre.

Muškarci su jahali i trčali naizmjence kako bi se ugrijali i napravili vremena.

I cani correvano veloci, fermandosi di rado, spingendosi sempre in avanti.

Psi su trčali brzo s malo zaustavljanja, uvijek gurajući naprijed.

Il fiume Thirty Mile era per la maggior parte ghiacciato e facile da attraversare.

Rijeka Trideset milja bila je uglavnom zaleđena i lako se preko nje moglo putovati.

In un giorno realizzarono ciò che per arrivare aveva impiegato dieci giorni.

Izašli su za jedan dan, a dolazak im je trajao deset dana.

Percorsero circa 96 chilometri dal lago Le Barge a White Horse.

Pretrčali su šezdeset milja od jezera Le Barge do Bijelog Konja.

Si muovevano a velocità incredibile attraverso i laghi Marsh, Tagish e Bennett.

Preko jezera Marsh, Tagish i Bennett kretali su se nevjerojatno brzo.

L'uomo che correva veniva trainato dietro la slitta con una corda.

Trkač je vukao saonice na užetu.

L'ultima notte della seconda settimana giunsero a destinazione.

Posljednje noći drugog tjedna stigli su na odredište.

Insieme avevano raggiunto la cima del White Pass.

Zajedno su stigli do vrha Bijelog prijevoja.

Scesero fino al livello del mare, con le luci dello Skaguay sotto di loro.

Spustili su se na razinu mora sa Skaguayevim svjetlima ispod sebe.

Era stata una corsa da record attraverso chilometri di fredda natura selvaggia.

Bio je to rekordni trk preko kilometara hladne divljine.

Per quattordici giorni di fila percorsero in media circa quaranta miglia.

Četrnaest dana zaredom, u prosjeku su prelazili dobrih četrdeset milja.

A Skaguay, Perrault e François trasportavano merci attraverso la città.

U Skaguayu su Perrault i François prevozili teret kroz grad.

Furono applauditi e ricevettero numerose bevande dalla folla ammirata.

Divljenjem su ih pozdravljali i nudili im mnoga pića.

I cacciatori di cani e gli operai si sono riuniti attorno alla famosa squadra cinofila.

Lovci na pse i radnici okupili su se oko poznate pseće zaprege.

Poi i fuorilegge del West giunsero in città e subirono una violenta sconfitta.

Tada su zapadni odmetnici došli u grad i doživjeli žestoki poraz.

La gente si dimenticò presto della squadra e si concentrò sul nuovo dramma.

Ljudi su ubrzo zaboravili tim i usredotočili se na novu dramu.

Poi arrivarono i nuovi ordini che cambiarono tutto in un colpo.

Zatim su došle nove naredbe koje su odjednom sve promijenile.

François chiamò Buck e lo abbracciò con orgoglio e lacrime.

François je pozvao Bucka k sebi i zagrlio ga sa suznim ponosom.

Quel momento fu l'ultima volta che Buck vide di nuovo François.

Taj trenutak je bio posljednji put da je Buck ikada više vidio Françoisa.

Come molti altri uomini prima di lui, sia François che Perrault se n'erano andati.

Kao i mnogi prije njih, i François i Perrault su otišli.

Un meticcio scozzese si prese cura di Buck e dei suoi compagni di squadra con i cani da slitta.

Škotski mješanac preuzeo je odgovornost za Bucka i njegove kolege sa psima za vuču saonica.

Con una dozzina di altre mute di cani, ritornarono lungo il sentiero fino a Dawson.

S dvanaest drugih psećih zaprega vratili su se stazom u Dawson.

Non si trattava più di una corsa veloce, ma solo di un duro lavoro con un carico pesante ogni giorno.

Više nije bilo brzog trčanja - samo težak rad s teškim teretom svaki dan.

Si trattava del treno postale che portava notizie ai cercatori d'oro vicino al Polo.

Ovo je bio poštanski vlak koji je nosio vijest lovcima na zlato blizu Pola.

Buck non amava il lavoro, ma lo sopportò bene, essendo orgoglioso del suo impegno.

Buck nije volio posao, ali ga je dobro podnosio, ponoseći se svojim trudom.

Come Dave e Solleks, Buck dimostrava dedizione in ogni compito quotidiano.

Poput Davea i Solleksa, Buck je pokazivao predanost svakom svakodnevnom zadatku.

Si è assicurato che tutti i suoi compagni di squadra dessero il massimo.

Pobrinuo se da svaki od njegovih suigrača da svoj doprinos.

La vita sui sentieri divenne noiosa e si ripeteva con la precisione di una macchina.

Život na stazi postao je dosadan, ponavljao se s preciznošću stroja.

Ogni giorno era uguale, una mattina si fondeva con quella successiva.

Svaki dan se činio istim, jedno jutro se stapalo s drugim.

Alla stessa ora, i cuochi si alzarono per accendere il fuoco e preparare il cibo.

U isti sat, kuhari su ustali da nalože vatru i pripreme hranu.

Dopo colazione alcuni lasciarono l'accampamento mentre altri attaccarono i cani.

Nakon doručka, neki su napustili logor dok su drugi upregli pse.

Raggiunsero il sentiero prima che il pallido segnale dell'alba sfiorasse il cielo.

Krenuli su stazom prije nego što je prigušeno upozorenje na zoru dotaknulo nebo.

Di notte si fermavano per accamparsi, e a ogni uomo veniva assegnato un compito.

Noću su se zaustavili kako bi napravili logor, svaki čovjek s određenom dužnošću.

Alcuni montarono le tende, altri tagliarono la legna da ardere e raccolsero rami di pino.

Neki su postavljali šatore, drugi su sjekli drva za ogrjev i skupljali borove grane.

Acqua o ghiaccio venivano portati ai cuochi per la cena serale.

Voda ili led nosili su se kuharima za večeru.

I cani vennero nutriti e per loro quello fu il momento migliore della giornata.

Psi su bili nahranjeni, i to im je bio najbolji dio dana.

Dopo aver mangiato il pesce, i cani si rilassarono e oziarono vicino al fuoco.

Nakon što su pojeli ribu, psi su se opustili i izležavali blizu vatre.

Nel convoglio c'erano un centinaio di altri cani con cui socializzare.

U konvoju je bilo još stotinu pasa s kojima se moglo družiti.

Molti di quei cani erano feroci e pronti a combattere senza preavviso.

Mnogi od tih pasa bili su žestoki i brzi u borbi bez upozorenja.

Ma dopo tre vittorie, Buck riuscì a domare anche i combattenti più feroci.

Ali nakon tri pobjede, Buck je svladao čak i najžešće borce.

Ora, quando Buck ringhiò e mostrò i denti, loro si fecero da parte.

Sad kad je Buck zarežao i pokazao zube, oni su se pomaknuli u stranu.

Forse la cosa più bella di tutte era che a Buck piaceva sdraiarsi vicino al fuoco tremolante.

Možda najbolje od svega, Buck je volio ležati blizu treperave logorske vatre.

Si accovacciò, con le zampe posteriori ripiegate e quelle anteriori distese in avanti.

Čučnuo je sa skupljenim stražnjim nogama i ispruženim prednjim nogama naprijed.

Teneva la testa sollevata e sbatteva dolcemente le palpebre verso le fiamme ardenti.

Podigao je glavu dok je tiho trepnuo prema užarenim plamenovima.

A volte ricordava la grande casa del giudice Miller a Santa Clara.

Ponekad se prisjećao velike kuće suca Millera u Santa Clari.

Pensò alla piscina di cemento, a Ysabel e al carlino di nome Toots.

Pomislio je na cementni bazen, na Ysabel i mopsa po imenu Toots.

Ma più spesso si ricordava del bastone dell'uomo con il maglione rosso.

Ali češće se sjećao čovjeka s palicom u crvenom džemperu.

Ricordava la morte di Curly e la sua feroce battaglia con Spitz.

Sjetio se Kovrčavijeve smrti i njegove žestoke bitke sa Spitzom.

Ricordava anche il buon cibo che aveva mangiato o che ancora sognava.

Prisjetio se i dobre hrane koju je jeo ili o kojoj je još uvijek sanjao.

Buck non aveva nostalgia di casa: la valle calda era lontana e irreale.

Buck nije osjećao nostalgiju - topla dolina bila je daleka i nestvarna.

I ricordi della California non avevano più alcun fascino su di lui.

Sjećanja na Kaliforniju više ga nisu privlačila.

Più forti della memoria erano gli istinti radicati nella sua stirpe.

Jači od sjećanja bili su instinkti duboko ukorijenjeni u njegovoj krvnoj lozi.

Le abitudini un tempo perdute erano tornate, ravvivate dal sentiero e dalla natura selvaggia.

Navike koje su nekoć bile izgubljene vratile su se, oživljene stazom i divljinom.

Mentre Buck osservava la luce del fuoco, a volte questa diventava qualcos'altro.

Dok je Buck promatrao svjetlost vatre, ona je ponekad postajala nešto drugo.

Vide alla luce del fuoco un altro fuoco, più vecchio e più profondo di quello attuale.

U svjetlosti vatre ugledao je drugu vatru, stariju i dublju od sadašnje.

Accanto all'altro fuoco era accovacciato un uomo che non somigliava per niente al cuoco meticcio.

Pored te druge vatre čučao je čovjek za razliku od kuhara mješanca.

Questa figura aveva gambe corte, braccia lunghe e muscoli duri e contratti.

Ova je figura imala kratke noge, duge ruke i tvrde, čvoraste mišiće.

I suoi capelli erano lunghi e arruffati, e gli scendevano all'indietro a partire dagli occhi.

Kosa mu je bila duga i zamršena, padala je unatrag od očiju.

Emetteva strani suoni e fissava l'oscurità con paura.

Ispuštao je čudne zvukove i u strahu zurio u tamu.

Teneva bassa una mazza di pietra, stretta saldamente nella sua mano lunga e ruvida.

Nisko je držao kamenu toljagu, čvrsto stisnutu u svojoj dugoj, gruboj ruci.

L'uomo indossava ben poco: solo una pelle carbonizzata che gli pendeva lungo la schiena.

Čovjek je bio malo odjeven; samo ugljenisana koža koja mu je visjela niz leđa.

Il suo corpo era ricoperto da una folta peluria sulle braccia, sul petto e sulle cosce.

Tijelo mu je bilo prekriveno gustom dlakom po rukama, prsima i bedrima.

Alcune parti del pelo erano aggrovigliate e formavano chiazze di pelo ruvido.

Neki dijelovi kose bili su zapetljani u komadiće grubog krzna.

Non stava dritto, ma era piegato in avanti dai fianchi alle ginocchia.

Nije stajao uspravno već se sagnuo naprijed od kukova do koljena.

I suoi passi erano elastici e felini, come se fosse sempre pronto a scattare.

Koraci su mu bili elastični i mačji, kao da je uvijek spreman za skok.

C'era una forte allerta, come se vivesse nella paura costante.

Osjećao je oštru budnost, kao da je živio u stalnom strahu.

Quest'uomo anziano sembrava aspettarsi il pericolo, indipendentemente dal fatto che questo venisse visto o meno.

Činilo se da ovaj drevni čovjek očekuje opasnost, bez obzira je li opasnost bila vidljiva ili ne.

A volte l'uomo peloso dormiva accanto al fuoco, con la testa tra le gambe.

Ponekad je dlakavi čovjek spavao uz vatru, glave zavučene među noge.

Teneva i gomiti sulle ginocchia e le mani giunte sopra la testa.

Laktovi su mu počivali na koljenima, ruke sklopljene iznad glave.

Come un cane, usava le sue braccia pelose per proteggersi dalla pioggia che cadeva.

Poput psa, koristio je svoje dlakave ruke da se otrese kiše koja je padala.

Oltre la luce del fuoco, Buck vide due carboni ardenti che ardevano nell'oscurità.

Iza svjetlosti vatre, Buck je ugledao dva ugljena kako žare u mraku.

Sempre a due a due, erano gli occhi delle bestie da preda.

Uvijek dva po dva, bile su oči vrebajućih zvijeri.

Sentì corpi che si infrangevano tra i cespugli e rumori provenienti dalla notte.

Čuo je tijela kako se probijaju kroz grmlje i zvukove koji se stvaraju u noći.

Sdraiato sulla riva dello Yukon, sbattendo le palpebre, Buck sognò accanto al fuoco.

Ležeći na obali Yukona, trepćući, Buck je sanjao kraj vatre.

Le immagini e i suoni di quel mondo selvaggio gli fecero rizzare i capelli.

Prizori i zvukovi tog divljeg svijeta digli su mu kosu na glavi.

La pelliccia gli si drizzò lungo la schiena, sulle spalle e sul collo.

Dlaka mu se dizala uz leđa, ramena i vrat.

Gemeva piano o emetteva un ringhio basso dal profondo del petto.

Tiho je cvilio ili duboko u prsima tiho zarežao.

Allora il cuoco meticcio urlò: "Ehi, Buck, svegliati!"

Tada je mješanac kuhar viknuo: „Hej, Buck, probudi se!"

Il mondo dei sogni svanì e la vera vita tornò agli occhi di Buck.

Svijet snova je nestao, a stvarni život se vratio u Buckove oči.

Si sarebbe alzato, si sarebbe stiracchiato e avrebbe sbadigliato, come se si fosse svegliato da un pisolino.

Htio je ustati, protegnuti se i zijevnuti, kao da se probudio iz drijemanja.

Il viaggio era duro, con la slitta postale che li trascinava dietro.

Putovanje je bilo teško, a poštanske saonice su se vukle za njima.

Carichi pesanti e lavoro duro sfinivano i cani ogni lunga giornata.

Teški tereti i naporan rad iscrpljivali su pse svakog dugog dana.

Arrivarono a Dawson magro, stanco e con bisogno di più di una settimana di riposo.

Stigli su u Dawson mršavi, umorni i trebali su više od tjedan dana odmora.

Ma solo due giorni dopo ripartirono per lo Yukon.

Ali samo dva dana kasnije, ponovno su krenuli niz Yukon.

Erano carichi di altre lettere dirette al mondo esterno.

Bili su natovareni još pisama namijenjenih vanjskom svijetu.

I cani erano esausti e gli uomini si lamentavano in continuazione.

Psi su bili iscrpljeni, a muškarci su se neprestano žalili.

Ogni giorno cadeva la neve, ammorbidendo il sentiero e rallentando le slitte.

Snijeg je padao svaki dan, omekšavajući stazu i usporavajući sanjke.

Ciò rendeva la trazione più dura e aumentava la resistenza delle guide.

To je omogućilo jače povlačenje i veći otpor trkačima.

Nonostante ciò, i piloti si sono dimostrati leali e hanno avuto cura delle loro squadre.

Unatoč tome, vozači su bili pošteni i brinuli su se za svoje timove.

Ogni notte, i cani venivano nutriti prima che gli uomini mangiassero.

Svake noći, psi su bili hranjeni prije nego što su muškarci stigli jesti.

Nessun uomo dormiva prima di controllare le zampe del proprio cane.

Nitko nije spavao prije nego što je provjerio noge vlastitog psa.

Tuttavia, i cani diventavano sempre più deboli man mano che i chilometri consumavano i loro corpi.

Ipak, psi su postajali sve slabiji kako su kilometri istrošili njihova tijela.

Avevano viaggiato per milleottocento miglia durante l'inverno.

Putovali su tisuću osamsto milja tijekom zime.

Percorrevano ogni miglio di quella distanza brutale trainando le slitte.

Vukli su saonice preko svake milje te brutalne udaljenosti.

Anche i cani da slitta più resistenti provano tensione dopo tanti chilometri.

Čak i najjačiji psi za vuču saonica osjećaju napor nakon toliko kilometara.

Buck tenne duro, fece sì che la sua squadra lavorasse e mantenne la disciplina.

Buck je izdržao, održavao je svoj tim u formi i održavao disciplinu.

Ma Buck era stanco, proprio come gli altri durante il lungo viaggio.

Ali Buck je bio umoran, baš kao i ostali na dugom putovanju.

Billee piagnucolava e piangeva nel sonno ogni notte, senza sosta.

Billee je jecao i plakao u snu svake noći bez iznimke.

Joe diventò ancora più amareggiato e Solleks rimase freddo e distante.

Joe je postao još ogorčeniji, a Solleks je ostao hladan i distanciran.

Ma è stato Dave a soffrire di più di tutta la squadra.

Ali Dave je bio taj koji je najgore patio od cijelog tima.

Qualcosa dentro di lui era andato storto, anche se nessuno sapeva cosa.

Nešto je u njemu pošlo po zlu, iako nitko nije znao što.

Divenne più lunatico e aggredì gli altri con rabbia crescente.

Postajao je mrzovoljniji i s rastućim bijesom oštro je napadao druge.

Ogni notte andava dritto al suo nido, in attesa di essere nutrito.

Svake noći išao je ravno u svoje gnijezdo, čekajući da ga se nahrani.

Una volta a terra, Dave non si alzò più fino al mattino.

Nakon što je pao, Dave se nije digao do jutra.

Sulle redini, gli improvvisi strattoni o sussulti lo facevano gridare di dolore.

Na uzdama, nagli trzaji ili trzaji natjerali bi ga da krikne od boli.

L'autista ha cercato di capirne la causa, ma non ha trovato ferite.

Njegov vozač je tražio uzrok, ali nije pronašao nikakve ozljede na njemu.

Tutti gli autisti cominciarono a osservare Dave e a discutere del suo caso.

Svi vozači su počeli promatrati Davea i raspravljati o njegovom slučaju.

Parlarono durante i pasti e durante l'ultima sigaretta della giornata.

Razgovarali su za vrijeme obroka i tijekom posljednje cigarete tog dana.

Una notte tennero una riunione e portarono Dave al fuoco.

Jedne noći održali su sastanak i doveli Davea do vatre.

Gli premevano e palpavano il corpo e lui gridava spesso.

Pritiskali su i ispitivali njegovo tijelo, a on je često plakao.

Era evidente che qualcosa non andava, anche se non sembrava esserci nessuna frattura.

Očito je nešto bilo u krivu, iako se činilo da nijedna kost nije slomljena.

Quando arrivarono al Cassiar Bar, Dave stava cadendo.

Dok su stigli do Cassiar Bara, Dave je već padao.

Il meticcio scozzese impose uno stop e rimosse Dave dalla squadra.

Škotski mješanac je zaustavio tim i uklonio Davea iz tima.

Fissò Solleks al posto di Dave, il più vicino possibile alla parte anteriore della slitta.

Pričvrstio je Solleks na Daveovo mjesto, najbliže prednjem dijelu saonica.

Voleva lasciare che Dave riposasse e corresse libero dietro la slitta in movimento.

Namjeravao je pustiti Davea da se odmori i slobodno trči iza saonica u pokretu.

Ma nonostante la malattia, Dave odiava che gli venisse tolto il lavoro che aveva ricoperto.

Ali čak i bolestan, Dave je mrzio što je bio otpušten s posla koji je imao.

Ringhiò e piagnucolò quando gli strapparono le redini dal corpo.

Režao je i cvilio dok su mu uzde skidali s tijela.

Quando vide Solleks al suo posto, pianse disperato.

Kad je ugledao Solleksa na svom mjestu, zaplakao je od slomljene boli srca.

L'orgoglio per il lavoro sui sentieri era profondo in Dave, anche quando la morte si avvicinava.

Ponos rada na stazama bio je duboko u Daveu, čak i dok se smrt približavala.

Mentre la slitta si muoveva, Dave arrancava nella neve soffice vicino al sentiero.

Dok su se sanjke kretale, Dave se spoticao po mekom snijegu blizu staze.

Attaccò Solleks, mordendolo e spingendolo giù dal lato della slitta.

Napao je Solleksa, grizući ga i gurajući sa strane saonica.

Dave cercò di saltare nell'imbracatura e di riprendersi il suo posto di lavoro.

Dave je pokušao uskočiti u pojas i vratiti se na svoje radno mjesto.

Lui guaiva, si lamentava e piangeva, diviso tra il dolore e l'orgoglio del parto.

Jaukao je, cvilio i plakao, rastrgan između boli i ponosa zbog rada.

Il meticcio usò la frusta per cercare di allontanare Dave dalla squadra.

Mješanac je bičem pokušao otjerati Davea iz tima.

Ma Dave ignorò la frustata e l'uomo non riuscì a colpirlo più forte.

Ali Dave je ignorirao udarac bičem, a čovjek ga nije mogao jače udariti.

Dave rifiutò il sentiero più facile dietro la slitta, dove la neve era compatta.

Dave je odbio lakši put iza saonica, gdje je bio nabijen snijeg.

Invece, si ritrovò a lottare nella neve profonda, ai lati del sentiero, in preda alla miseria.

Umjesto toga, mučio se u dubokom snijegu pokraj staze, u bijedi.

Alla fine Dave crollò, giacendo sulla neve e urlando di dolore.

Na kraju se Dave srušio, ležeći u snijegu i zavijajući od boli.

Lanciò un grido mentre la lunga fila di slitte gli passava accanto una dopo l'altra.

Vrisnuo je dok je duga kolona saonica prolazila pored njega jedna za drugom.

Tuttavia, con le poche forze che gli rimanevano, si alzò e barcollò dietro di loro.

Ipak, s onom preostalom snagom, ustao je i posrnuo za njima.

Quando il treno si fermò di nuovo, lo raggiunse e trovò la sua vecchia slitta.

Sustigao je vlak kad se ponovno zaustavio i pronašao svoje stare sanjke.

Superò con difficoltà le altre squadre e tornò a posizionarsi accanto a Solleks.

Provukao se pored ostalih timova i ponovno stao pokraj Solleksa.

Mentre l'autista si fermava per accendere la pipa, Dave colse l'ultima occasione.

Dok je vozač zastao da zapali lulu, Dave je iskoristio svoju posljednju priliku.

Quando l'autista tornò e urlò, la squadra non avanzò.

Kad se vozač vratio i viknuo, tim nije krenuo naprijed.

I cani avevano girato la testa, confusi dall'improvviso arresto.

Psi su okrenuli glave, zbunjeni naglim zaustavljanjem.

Anche il conducente era scioccato: la slitta non si era mossa di un centimetro in avanti.

I vozač je bio šokiran - saonice se nisu pomaknule ni centimetar naprijed.

Chiamò gli altri perché venissero a vedere cosa era successo.

Pozvao je ostale da dođu i vide što se dogodilo.

Dave aveva masticato le redini di Solleks, spezzandole entrambe.

Dave je pregrizao Solleksove uzde, slomio ih obje.

Ora era di nuovo in piedi davanti alla slitta, nella sua giusta posizione.

Sada je stajao ispred saonica, natrag na svom pravom mjestu.

Dave alzò lo sguardo verso l'autista, implorandolo silenziosamente di restare al passo.

Dave je pogledao vozača, tiho moleći da ostane u tragovima.

L'autista era perplesso e non sapeva cosa fare per il cane in difficoltà.

Vozač je bio zbunjen, nesiguran što učiniti za psa koji se mučio.

Gli altri uomini parlavano di cani morti perché li avevano portati fuori.

Drugi muškarci su govorili o psima koji su uginuli nakon što su ih izveli van.

Raccontavano di cani vecchi o feriti il cui cuore si era spezzato quando erano stati abbandonati.

Pričali su o starim ili ozlijeđenim psima čija su se srca slomila kad bi ih ostavili.

Concordarono che era un atto di misericordia lasciare che Dave morisse mentre era ancora imbrigliato.

Složili su se da je milost pustiti Davea da umre dok je još u pojasu.

Fu rimesso in sicurezza sulla slitta e Dave tirò con orgoglio.

Bio je pričvršćen natrag na sanjke, a Dave je ponosno vukao.

Anche se a volte gridava, lavorava come se il dolore potesse essere ignorato.

Iako je ponekad plakao, radio je kao da se bol može ignorirati.

Più di una volta cadde e fu trascinato prima di rialzarsi.

Više puta je pao i bio je vučen prije nego što je ponovno ustao.

A un certo punto la slitta gli rotolò addosso e da quel momento in poi zoppicò.

Jednom su se saonice prevrnule preko njega i od tog trenutka je šepao.

Nonostante ciò, lavorò finché non raggiunse l'accampamento e poi si sdraiò accanto al fuoco.

Ipak je radio dok nije stigao do logora, a zatim je legao kraj vatre.

Al mattino Dave era troppo debole per muoversi o anche solo per stare in piedi.

Do jutra, Dave je bio preslab da bi putovao ili čak stajao uspravno.

Al momento di allacciare l'imbracatura, cercò di raggiungere il suo autista con sforzi tremanti.

U vrijeme vezivanja pojasa, drhtavim je naporom pokušao dosegnuti svog vozača.

Si sforzò di rialzarsi, barcollò e crollò sul terreno innevato.

Prisilio se ustati, teturao i srušio se na snježno tlo.

Utilizzando le zampe anteriori, trascinò il suo corpo verso la zona dell'imbracatura.

Prednjim nogama vukao je tijelo prema mjestu za vezivanje.

Si fece avanti, centimetro dopo centimetro, verso i cani da lavoro.

Teturao se naprijed, centimetar po centimetar, prema radnim psima.

Le forze gli cedettero, ma continuò a muoversi nel suo ultimo disperato tentativo.

Snaga ga je napustila, ali je nastavio kretati se u svom posljednjem očajničkom naporu.

I suoi compagni di squadra lo videro ansimare nella neve, ancora desideroso di unirsi a loro.

Njegovi suigrači vidjeli su ga kako dahće u snijegu, još uvijek žudeći da im se pridruži.

Lo sentirono urlare di dolore mentre si lasciavano alle spalle l'accampamento.

Čuli su ga kako zavija od tuge dok su napuštali logor.

Mentre la squadra svaniva tra gli alberi, il grido di Dave risuonava dietro di loro.

Dok je tim nestajao u drveću, Daveov krik je odjekivao iza njih.

Il treno delle slitte si fermò brevemente dopo aver attraversato un tratto di fiume ricco di boschi.

Voz saonica se nakratko zaustavio nakon što je prešao dio riječne šume.

Il meticcio scozzese tornò lentamente verso l'accampamento alle sue spalle.

Škotski mješanac polako se vraćao prema logoru iza njih.

Gli uomini smisero di parlare quando lo videro scendere dal treno delle slitte.

Muškarci su prestali govoriti kad su ga vidjeli kako izlazi iz karavana saonica.

Poi un singolo colpo di pistola risuonò chiaro e netto attraverso il sentiero.

Tada je preko staze jasno i oštro odjeknuo jedan pucanj.

L'uomo tornò rapidamente e prese il suo posto senza dire una parola.

Čovjek se brzo vratio i zauzeo svoje mjesto bez riječi.

Le fruste schioccavano, i campanelli tintinnavano e le slitte avanzavano sulla neve.

Bičevi su pucketali, zvona su zveckala, a saonice su se kotrljale kroz snijeg.

Ma Buck sapeva cosa era successo, come tutti gli altri cani.

Ali Buck je znao što se dogodilo - kao i svaki drugi pas.

La fatica delle redini e del sentiero
Trud uzdi i staze

Trenta giorni dopo aver lasciato Dawson, la Salt Water Mail raggiunse Skaguay.
Trideset dana nakon što je napustio Dawson, Salt Water Mail je stigao u Skaguay.
Buck e i suoi compagni di squadra presero il comando e arrivarono in condizioni pietose.
Buck i njegovi suigrači su preuzeli vodstvo, stigavši u jadnom stanju.
Buck era sceso da 140 a 150 chili.
Buck je smršavio sa sto četrdeset na sto petnaest funti.
Gli altri cani, sebbene più piccoli, avevano perso ancora più peso corporeo.
Ostali psi, iako manji, izgubili su još više tjelesne težine.
Pike, che una volta zoppicava fingendo, ora trascinava dietro di sé una gamba veramente ferita.
Pike, nekad lažni šepavac, sada je za sobom vukao doista ozlijeđenu nogu.
Solleks zoppicava gravemente e Dub aveva una scapola slogata.
Solleks je jako šepao, a Dub je imao iščašenu lopaticu.
Tutti i cani del team avevano i piedi doloranti a causa delle settimane trascorse sul sentiero ghiacciato.
Svaki pas u timu imao je bolne noge od tjedana provedenih na zaleđenoj stazi.
Non avevano più slancio nei loro passi, solo un movimento lento e trascinato.
U njihovim koracima više nije bilo elastičnosti, samo sporo, vučno kretanje.
I loro piedi colpivano il sentiero con forza e ogni passo aggiungeva ulteriore sforzo al loro corpo.
Stopala su im snažno udarala o stazu, svaki korak je dodatno naprezao njihova tijela.
Non erano malati, erano solo stremati oltre ogni possibile guarigione naturale.

Nisu bili bolesni, samo iscrpljeni do te mjere da su se mogli prirodno oporaviti.

Non si trattava della stanchezza di una giornata faticosa, curata con una notte di riposo.

Ovo nije bio umor od jednog napornog dana, izliječen noćnim odmorom.

Era una stanchezza accumulata lentamente attraverso mesi di sforzi estenuanti.

Bio je to iscrpljenost koja se polako gradila mjesecima iscrpljujućeg truda.

Non era rimasta alcuna riserva di forze: avevano esaurito ogni energia a loro disposizione.

Nije ostalo ništa od rezervne snage - potrošili su sve što su imali.

Ogni muscolo, fibra e cellula del loro corpo era consumato e usurato.

Svaki mišić, vlakno i stanica u njihovim tijelima bio je istrošen i istrošen.

E c'era un motivo: avevano percorso duemilacinquecento miglia.

I postojao je razlog - prešli su dvjesto i petsto milja.

Si erano riposati solo cinque giorni durante le ultime milleottocento miglia.

Odmarali su se samo pet dana tijekom posljednjih tisuću osamsto milja.

Quando giunsero a Skaguay, sembrava che riuscissero a malapena a stare in piedi.

Kad su stigli u Skaguay, izgledali su kao da jedva mogu stajati na nogama.

Facevano fatica a tenere le redini strette e a restare davanti alla slitta.

Mučili su se čvrsto držati uzde I ostati ispred saonica.

Nei pendii in discesa riuscivano solo a evitare di essere investiti.

Na nizbrdicama su uspjeli izbjeći samo da ih pregaze.

"Continuate a marciare, poveri piedi doloranti", disse l'autista mentre zoppicavano.

„Naprijed, jadne bolne noge", rekao je vozač dok su šepali.

"Questo è l'ultimo tratto, poi ci prenderemo tutti un lungo riposo, di sicuro."

„Ovo je zadnji dio, a onda ćemo svi sigurno imati jedan dugi odmor."

"Un riposo davvero lungo", promise, guardandoli barcollare in avanti.

„Jedan zaista dug odmor", obećao je, gledajući ih kako teturaju naprijed.

Gli autisti si aspettavano una lunga e necessaria pausa.

Vozači su očekivali da će sada dobiti dugu, potrebnu pauzu.

Avevano percorso milleduecento miglia con solo due giorni di riposo.

Prešli su tisuću dvjesto milja uz samo dva dana odmora.

Per correttezza e ragione, ritenevano di essersi guadagnati un po' di tempo per rilassarsi.

Pravednošću i razumom, smatrali su da su zaslužili vrijeme za opuštanje.

Ma troppi erano giunti nel Klondike e troppo pochi erano rimasti a casa.

Ali previše ih je došlo na Klondike, a premalo ih je ostalo kod kuće.

Le lettere delle famiglie continuavano ad arrivare, creando pile di posta in ritardo.

Pisma od obitelji su pristizala, stvarajući hrpe zakašnjele pošte.

Arrivarono gli ordini ufficiali: i nuovi cani della Hudson Bay avrebbero preso il sopravvento.

Stigle su službene naredbe - novi psi iz Hudsonovog zaljeva trebali su preuzeti vlast.

I cani esausti, ormai considerati inutili, dovevano essere eliminati.

Iscrpljeni psi, sada proglašeni bezvrijednima, trebali su biti zbrinuti.

Poiché i soldi erano più importanti dei cani, venivano venduti a basso prezzo.

Budući da je novac bio važniji od pasa, prodavali bi ih jeftino.

Passarono altri tre giorni prima che i cani si accorgessero di quanto fossero deboli.

Prošla su još tri dana prije nego što su psi osjetili koliko su slabi.

La quarta mattina, due uomini provenienti dagli Stati Uniti acquistarono l'intera squadra.

Četvrtog jutra, dvojica muškaraca iz SAD-a kupila su cijelu ekipu.

La vendita comprendeva tutti i cani e le loro imbracature usate.

Prodaja je uključivala sve pse, plus njihovu istrošenu opremu za vuču.

Mentre concludevano l'affare, gli uomini si chiamavano tra loro "Hal" e "Charles".

Muškarci su se međusobno zvali „Hal" i „Charles" dok su dovršavali posao.

Charles era un uomo di mezza età, pallido, con labbra molli e folti baffi.

Charles je bio srednjih godina, blijed, s mlitavim usnama i oštrim vrhovima brkova.

Hal era un giovane, forse diciannove anni, che indossava una cintura imbottita di cartucce.

Hal je bio mladić, možda devetnaestogodišnjak, s remenom punim patrona.

Nella cintura erano contenuti un grosso revolver e un coltello da caccia, entrambi inutilizzati.

U pojasu su bili veliki revolver i lovački nož, oba nekorištena.

Dimostrava quanto fosse inesperto e inadatto alla vita nel Nord.

To je pokazalo koliko je bio neiskusan i nesposoban za sjeverni život.

Nessuno dei due uomini viveva in natura; la loro presenza sfidava ogni ragionevolezza.

Niti jedan od njih nije pripadao divljini; njihova prisutnost prkosila je svakom razumu.

Buck osservava lo scambio di denaro tra l'acquirente e l'agente.

Buck je gledao kako kupac i agent razmjenjuju novac.

Sapeva che i conducenti dei treni postali stavano abbandonando la sua vita come tutti gli altri.

Znao je da vozači poštanskih vlakova napuštaju njegov život kao i svi ostali.

Seguirono Perrault e François, ormai scomparsi.

Slijedili su Perraulta i Françoisa, koji su sada bili izgubljeni.

Buck e la squadra vennero condotti al disordinato accampamento dei loro nuovi proprietari.

Bucka i tim odveli su u neuredni logor svojih novih vlasnika.

La tenda cedeva, i piatti erano sporchi e tutto era in disordine.

Šator se ulegnuo, posuđe je bilo prljavo, a sve je ležalo u neredu.

Anche Buck notò una donna lì: Mercedes, moglie di Charles e sorella di Hal.

Buck je i ondje primijetio ženu - Mercedes, Charlesovu ženu i Halovu sestru.

Formavano una famiglia completa, anche se erano tutt'altro che adatti al sentiero.

Činili su kompletnu obitelj, iako daleko od prikladnih za stazu.

Buck osservava nervosamente mentre il trio iniziava a impacchettare le provviste.

Buck je nervozno promatrao kako trojac počinje pakirati zalihe.

Lavoravano duro ma senza ordine, solo confusione e sforzi sprecati.

Radili su naporno, ali bez reda - samo buka i uzaludan trud.

La tenda era arrotolata fino a formare una sagoma ingombrante, decisamente troppo grande per la slitta.

Šator je bio smotan u glomazni oblik, prevelik za sanjke.

I piatti sporchi venivano imballati senza essere stati né lavati né asciugati.

Prljavo posuđe bilo je spakirano, a da uopće nije bilo oprano ili osušeno.

Mercedes svolazzava in giro, parlando, correggendo e intromettendosi in continuazione.

Mercedes je lepršala okolo, neprestano pričajući, ispravljajući se i miješajući se.

Quando le misero un sacco davanti, lei insistette perché lo mettesse dietro.

Kad je vreća stavljena naprijed, inzistirala je da ide straga.

Mise il sacco in fondo e un attimo dopo ne ebbe bisogno.

Spakirala je vreću na dno i već sljedećeg trenutka joj je trebala.

Quindi la slitta venne disimballata di nuovo per raggiungere quella specifica borsa.

Dakle, saonice su ponovno raspakirane kako bi se došlo do te jedne određene torbe.

Lì vicino, tre uomini stavano fuori da una tenda e osservavano la scena che si svolgeva.

U blizini su trojica muškaraca stajala ispred šatora, promatrajući prizor koji se odvijao.

Sorrisero, ammiccarono e sogghignarono di fronte all'evidente confusione dei nuovi arrivati.

Smiješili su se, namignuli i cerekali očitoj zbunjenosti pridošlica.

"Hai già un carico parecchio pesante", disse uno degli uomini.

„Već imaš prilično težak teret", rekao je jedan od muškaraca.

"Non credo che dovresti portare quella tenda, ma la scelta è tua."

„Mislim da ne bi trebao nositi taj šator, ali to je tvoj izbor."

"Impensabile!" esclamò Mercedes, alzando le mani in segno di disperazione.

„Nesanjano!" uzviknula je Mercedes, dižući ruke u očaju.

"Come potrei viaggiare senza una tenda sotto cui dormire?"

„Kako bih uopće mogao putovati bez šatora pod kojim bih mogao ostati?"

«È primavera, non vedrai più il freddo», rispose l'uomo.

„Proljeće je - više nećete vidjeti hladno vrijeme", odgovorio je čovjek.

Ma lei scosse la testa e loro continuarono ad accumulare oggetti sulla slitta.

Ali ona je odmahnula glavom, a oni su nastavili gomilati stvari na sanjke.

Il carico era pericolosamente alto mentre aggiungevano gli ultimi oggetti.

Teret se opasno uzdizao dok su dodavali posljednje stvari.

"Pensi che la slitta andrà avanti?" chiese uno degli uomini con aria scettica.

„Misliš li da će saonice proći?" upitao je jedan od muškaraca sa skeptičnim pogledom.

"E perché non dovrebbe?" ribatté Charles con netto fastidio.

„Zašto ne bi?" odbrusi Charles s oštrom ljutnjom.

"Oh, va bene", disse rapidamente l'uomo, evitando di offendersi.

„O, u redu je", brzo je rekao čovjek, povlačeći se od uvrede.

"Mi chiedevo solo: mi sembrava un po' troppo pesante nella parte superiore."

„Samo sam se pitao - meni se činilo malo pretežko na vrhu."

Charles si voltò e legò il carico meglio che poté.

Charles se okrenuo i privezao teret najbolje što je mogao.

Ma le legature erano allentate e l'imballaggio nel complesso era fatto male.

Ali vezovi su bili labavi, a pakiranje općenito loše napravljeno.

"Certo, i cani tireranno così tutto il giorno", disse sarcasticamente un altro uomo.

„Naravno, psi će to vući cijeli dan", sarkastično je rekao drugi čovjek.

«Certamente», rispose Hal freddamente, afferrando il lungo timone della slitta.

„Naravno", hladno odgovori Hal, hvatajući dugu motku za saonice.

Tenendo una mano sul palo, faceva roteare la frusta nell'altra.

S jednom rukom na motki, zamahnuo je bičem u drugoj.

"Andiamo!" urlò. "Muovetevi!", incitando i cani a partire.

„Idemo!" viknuo je. „Krećite se!" potičući pse da krenu.

I cani si appoggiarono all'imbracatura e si sforzarono per qualche istante.

Psi su se nagnuli u pojas i naprezali nekoliko trenutaka.

Poi si fermarono, incapaci di spostare di un centimetro la slitta sovraccarica.

Zatim su se zaustavili, nesposobni pomaknuti preopterećene saonice ni centimetar.

"Quei fannulloni!" urlò Hal, alzando la frusta per colpirli.

„Lijene zvijeri!" viknuo je Hal, podižući bič da ih udari.

Ma Mercedes si precipitò dentro e strappò la frusta dalle mani di Hal.

Ali Mercedes je uletjela i otela bič iz Halovih ruku.

«Oh, Hal, non osare far loro del male», gridò allarmata.

„Oh, Hal, nemoj se usuditi povrijediti ih", uzviknula je u panici.

"Promettimi che sarai gentile con loro, altrimenti non farò un altro passo."

„Obećaj mi da ćeš biti ljubazan prema njima, inače neću učiniti ni korak više."

"Non sai niente di cani", scattò Hal contro la sorella.

„Nemaš ti pojma o psima", obrecnu se Hal na sestru.

"Sono pigri e l'unico modo per smuoverli è frustarli."

„Lijeni su i jedini način da ih se pokrene je da ih se bičuje."

"Chiedi a chiunque, chiedi a uno di quegli uomini laggiù se dubiti di me."

„Pitajte bilo koga — pitajte jednog od onih ljudi tamo ako sumnjate u mene."

Mercedes guardò gli astanti con occhi imploranti e pieni di lacrime.

Mercedes je gledala promatrače molećivim, suznim očima.

Il suo viso rivelava quanto odiasse la vista di qualsiasi dolore.

Na njezinom licu se vidjelo koliko je duboko mrzila prizor bilo kakve boli.

"Sono deboli, tutto qui", ha detto un uomo. "Sono sfiniti."

„Slabi su, to je sve", rekao je jedan čovjek. „Iscrpljeni su."

"Hanno bisogno di riposare: hanno lavorato troppo a lungo senza una pausa."

„Treba im odmor - predugo su radili bez pauze."

«Che il resto sia maledetto», borbottò Hal arricciando il labbro.

„Proklet bio ostatak", promrmlja Hal s podignutom usnom.

Mercedes sussultò, visibilmente addolorata per le parole volgari pronunciate da lui.

Mercedes je uzdahnula, očito povrijedena njegovom grubom riječju.

Ciononostante, lei rimase leale e difese immediatamente il fratello.

Ipak, ostala je vjerna i odmah je stala u obranu svog brata.

"Non badare a quell'uomo", disse ad Hal. "Sono i nostri cani."

„Ne obraćaj pažnju na tog čovjeka", rekla je Halu. „To su naši psi."

"Li guidi come meglio credi: fai ciò che ritieni giusto."

„Vozi ih kako ti odgovara – radi ono što misliš da je ispravno."

Hal sollevò la frusta e colpì di nuovo i cani senza pietà.

Hal je podigao bič i ponovno bez milosti udario pse.

Si lanciarono in avanti, con i corpi bassi e i piedi che affondavano nella neve.

Jurnuli su naprijed, tijelima nisko, nogama utisnutim u snijeg.

Tutta la loro forza era concentrata nel traino, ma la slitta non si muoveva.

Sva im je snaga išla u vuču, ali saonice se nisu micale.

La slitta rimase bloccata, come un'ancora congelata nella neve compatta.

Sanke su ostale zaglavljene, poput sidra zamrznutog u zbijenom snijegu.

Dopo un secondo tentativo, i cani si fermarono di nuovo, ansimando forte.

Nakon drugog pokušaja, psi su se ponovno zaustavili, teško dahćući.

Hal sollevò di nuovo la frusta, proprio mentre Mercedes interferiva di nuovo.

Hal je još jednom podigao bič, baš kad se Mercedes ponovno umiješala.

Si lasciò cadere in ginocchio davanti a Buck e gli abbracciò il collo.

Kleknula je pred Bucka i zagrlila ga oko vrata.

Le lacrime le riempivano gli occhi mentre implorava il cane esausto.

Suze su joj ispunile oči dok je molila iscrpljenog psa.

"Poveri cari", disse, "perché non tirate più forte?"

„Jadni dragi moji", rekla je, „zašto jednostavno ne povučete jače?"

"Se tiri, non verrai frustato così."

„Ako budeš vukao, nećeš biti ovako bičevan."

A Buck non piaceva Mercedes, ma ormai era troppo stanco per resisterle.

Buck nije volio Mercedes, ali bio je previše umoran da bi joj se sada odupirao.

Lui accettò le sue lacrime come se fossero solo un'altra parte di quella giornata miserabile.

Prihvatio je njezine suze kao samo još jedan dio jadnog dana.

Uno degli uomini che osservavano, dopo aver represso la rabbia, finalmente parlò.

Jedan od promatrača konačno je progovorio nakon što je suzdržao bijes.

"Non mi interessa cosa succede a voi, ma quei cani sono importanti."

„Ne zanima me što će se vama dogoditi, ali ti psi su važni."

"Se vuoi aiutare, stacca quella slitta: è ghiacciata e innevata."

„Ako želiš pomoći, odveži te sanjke - smrznule su se na snijegu."

"Spingi con forza il palo della luce, a destra e a sinistra, e rompi il sigillo di ghiaccio."

"Snažno pritisni motku, desno i lijevo, i razbij ledeni pečat."

Fu fatto un terzo tentativo, questa volta seguendo il suggerimento dell'uomo.

Učinjen je treći pokušaj, ovaj put slijedeći čovjekov prijedlog.

Hal fece oscillare la slitta da una parte all'altra, facendo staccare i pattini.

Hal je ljuljao saonice s jedne strane na drugu, oslobađajući klizače.

La slitta, benché sovraccarica e scomoda, alla fine sobbalzò in avanti.

Sanke, iako preopterećene i nezgrapne, konačno su krenule naprijed.

Buck e gli altri tirarono selvaggiamente, spinti da una tempesta di frustate.

Buck i ostali su divlje vukli, nošeni olujom udaraca bičem.

Un centinaio di metri più avanti, il sentiero curvava e scendeva in pendenza verso la strada.

Stotinjak metara ispred, staza se zavijala i spuštala u ulicu.

Ci sarebbe voluto un guidatore esperto per tenere la slitta in posizione verticale.

Trebao je vješt vozač da sanjke drži u uspravnom položaju.

Hal non era abile e la slitta si ribaltò mentre svoltava.

Hal nije bio vješt, a saonice su se prevrnule dok su se zaokretale u zavoju.

Le cinghie allentate cedettero e metà del carico si rovesciò sulla neve.

Labavi vezovi su popustili i polovica tereta se prosula na snijeg.

I cani non si fermarono; la slitta più leggera continuò a procedere su un fianco.

Psi se nisu zaustavili; lakše saonice su letjele na boku.

I cani, furiosi per i maltrattamenti e per il peso del carico, corsero più veloci.

Ljuti zbog zlostavljanja i teškog tereta, psi su trčali brže.

Buck, infuriato, si lanciò a correre, seguito dalla squadra.

Buck, bijesan, dao se u trk, a tim ga je slijedio.

Hal urlò "Whoa! Whoa!" ma la squadra non gli prestò attenzione.

Hal je viknuo „Vau! Vau!", ali tim nije obraćao pažnju na njega.

Inciampò, cadde e fu trascinato a terra dall'imbracatura.

Spotaknuo se, pao i pojas ga je vukao po tlu.

La slitta rovesciata lo travolse mentre i cani continuavano a correre avanti.

Prevrnute saonice su ga pregazile dok su psi jurili naprijed.

Il resto delle provviste è sparso lungo la trafficata strada di Skaguay.

Ostatak zaliha razasuo se po prometnoj ulici Skaguaya.

Le persone di buon cuore si precipitarono a fermare i cani e a raccogliere l'attrezzatura.

Dobrodušni ljudi požurili su zaustaviti pse i skupiti opremu.

Diedero anche consigli schietti e pratici ai nuovi viaggiatori.

Također su davali savjete, izravne i praktične, novim putnicima.

"Se vuoi raggiungere Dawson, prendi metà del carico e raddoppia i cani."

„Ako želiš doći do Dawsona, uzmi pola tereta i udvostruči broj pasa."

Hal, Charles e Mercedes ascoltarono, anche se non con entusiasmo.

Hal, Charles i Mercedes su slušali, iako ne s oduševljenjem.

Montarono la tenda e cominciarono a sistemare le loro provviste.

Razapeli su šator i počeli sortirati svoje zalihe.

Ne uscirono dei cibi in scatola, che fecero ridere a crepapelle gli astanti.

Izašle su konzervirane proizvode, što je nasmijalo promatrače naglas.

"Roba in scatola sul sentiero? Morirai di fame prima che si sciolga", disse uno.

„Konzervirane stvari na stazi? Umrijet ćeš od gladi prije nego što se to otopi", rekao je jedan.

"Coperte d'albergo? Meglio buttarle via tutte."

„Hotelske deke? Bolje ih je sve baciti."

"Togli anche la tenda e qui nessuno laverà più i piatti."

„Riješi se i šatora, pa ovdje nitko ne pere suđe."

"Pensi di viaggiare su un treno Pullman con dei servitori a bordo?"

„Misliš da se voziš Pullmanovim vlakom s poslugom u vlaku?"

Il processo ebbe inizio: ogni oggetto inutile venne gettato da parte.

Proces je započeo - svaka beskorisna stvar je bačena na stranu.

Mercedes pianse quando le sue borse furono svuotate sul terreno innevato.

Mercedes je plakala kad su joj torbe ispraznile na snježno tlo.

Singhiozzava per ogni oggetto buttato via, uno per uno, senza sosta.

Jecala je nad svakim bačenim predmetom, jednim po jednim bez prestanka.

Giurò di non fare un altro passo, nemmeno per dieci Charles.

Zaklela se da neće učiniti ni korak više - čak ni za deset Charlesova.

Pregò ogni persona vicina di lasciarle conservare le sue cose preziose.

Molila je svaku osobu u blizini da joj dopusti da zadrži svoje dragocjenosti.

Alla fine si asciugò gli occhi e cominciò a gettare via anche i vestiti più importanti.

Napokon je obrisala oči i počela bacati čak i najvažniju odjeću.

Una volta terminato il suo, cominciò a svuotare le scorte degli uomini.

Kad je završila sa svojim, počela je prazniti muške zalihe.

Come un turbine, fece a pezzi gli effetti personali di Charles e Hal.

Poput vihora, probila je Charlesove i Halove stvari.

Sebbene il carico fosse dimezzato, era comunque molto più pesante del necessario.

Iako je teret bio prepolovljen, i dalje je bio daleko teži nego što je bilo potrebno.

Quella notte, Charles e Hal uscirono e comprarono sei nuovi cani.

Te noći, Charles i Hal su izašli i kupili šest novih pasa.

Questi nuovi cani si unirono ai sei originali, più Teek e Koona.

Ovi novi psi pridružili su se originalnoj šestorici, plus Teeku i Kooni.

Insieme formarono una squadra di quattordici cani attaccati alla slitta.

Zajedno su činili tim od četrnaest pasa privezanih za saonice.

Ma i nuovi cani erano inadatti e poco addestrati per il lavoro con la slitta.

Ali novi psi bili su nesposobni i slabo obučeni za rad u saonicama.

Tre dei cani erano cani da caccia a pelo corto, mentre uno era un Terranova.

Tri psa bila su kratkodlaki ptičari, a jedan je bio njufaundlend.

Gli ultimi due cani erano meticci senza alcuna razza o scopo ben definito.

Posljednja dva psa bili su pse bez ikakve jasne pasmine ili namjene.

Non capivano il percorso e non lo imparavano in fretta.

Nisu razumjeli stazu i nisu je brzo naučili.

Buck e i suoi compagni li osservavano con disprezzo e profonda irritazione.

Buck i njegovi drugovi promatrali su ih s prezirom i dubokom iritacijom.

Sebbene Buck insegnasse loro cosa non fare, non poteva insegnare loro il dovere.

Iako ih je Buck naučio što ne smiju raditi, nije ih mogao naučiti dužnosti.

Non amavano la vita sui sentieri né la trazione delle redini e delle slitte.

Nisu dobro podnosili vuču ili vuču uzdi i saonica.

Soltanto i bastardi cercarono di adattarsi, e anche a loro mancava lo spirito combattivo.

Samo su se mješanci pokušali prilagoditi, a čak je i njima nedostajalo borbenog duha.

Gli altri cani erano confusi, indeboliti e distrutti dalla loro nuova vita.

Ostali psi bili su zbunjeni, oslabljeni i slomljeni svojim novim životom.

Con i nuovi cani all'oscuro e i vecchi esausti, la speranza era flebile.

S novim psima koji nisu imali pojma, a stari su bili iscrpljeni, nada je bila slaba.

La squadra di Buck aveva percorso duemilacinquecento miglia di sentiero accidentato.

Buckov tim je prešao dvjesto tisuća i petsto milja surove staze.

Ciononostante, i due uomini erano allegri e orgogliosi della loro grande squadra di cani.

Ipak, dvojica muškaraca bila su vesela i ponosna na svoj veliki pseći tim.

Pensavano di viaggiare con stile, con quattordici cani al seguito.

Mislili su da putuju sa stilom, s četrnaest uvezanih pasa.

Avevano visto delle slitte partire per Dawson e altre arrivarne.

Vidjeli su saonice kako odlaze za Dawson, a druge kako odatle stižu.

Ma non ne avevano mai vista una trainata da ben quattordici cani.

Ali nikada nisu vidjeli da ga vuče čak četrnaest pasa.

C'era un motivo per cui squadre del genere erano rare nelle terre selvagge dell'Artico.

Postojao je razlog zašto su takvi timovi bili rijetki u arktičkoj divljini.

Nessuna slitta poteva trasportare cibo sufficiente a sfamare quattordici cani per l'intero viaggio.

Nijedna zaprega nije mogla prevesti dovoljno hrane za četrnaest pasa tijekom putovanja.

Ma Charles e Hal non lo sapevano: avevano fatto i calcoli.

Ali Charles i Hal to nisu znali - već su izračunali.

Hanno pianificato la razione di cibo: una certa quantità per cane, per un certo numero di giorni, fatta.

Olovkom su isplanirali hranu: toliko po psu, toliko dana, gotovo.

Mercedes guardò i numeri e annuì come se avessero senso.

Mercedes je pogledala njihove brojke i kimnula kao da to ima smisla.

Tutto le sembrava molto semplice, almeno sulla carta.

Sve joj se činilo vrlo jednostavnim, barem na papiru.

La mattina seguente, Buck guidò lentamente la squadra lungo la strada innevata.

Sljedećeg jutra, Buck je polako vodio tim uz snježnu ulicu.

Non c'era né energia né spirito in lui e nei cani dietro di lui.

Nije bilo energije ni duha ni u njemu ni u psima iza njega.

Erano stanchi morti fin dall'inizio: non avevano più riserve.

Bili su mrtvi umorni od samog početka - nije bilo više rezerve.

Buck aveva già fatto quattro viaggi tra Salt Water e Dawson.

Buck je već četiri puta putovao između Salt Watera i Dawsona.

Ora, di fronte alla stessa pista, non provava altro che amarezza.

Sada, suočen ponovno s istim putem, nije osjećao ništa osim gorčine.

Il suo cuore non c'era, e nemmeno quello degli altri cani.

Nije bio oduševljen time, kao ni drugim psima.

I nuovi cani erano timidi e gli husky non si fidavano per niente.

Novi psi su bili plašljivi, a haskijima je nedostajalo nikakvo povjerenje.

Buck capì che non poteva fare affidamento su quei due uomini o sulla loro sorella.

Buck je osjetio da se ne može osloniti na ova dva muškarca ili njihovu sestru.

Non sapevano nulla e non mostravano alcun segno di apprendimento lungo il percorso.

Nisu znali ništa i nisu pokazivali znakove učenja na stazi.

Erano disorganizzati e privi di qualsiasi senso di disciplina.

Bili su neorganizirani i nedostajao im je svaki osjećaj za disciplinu.

Ogni volta impiegavano metà della notte per allestire un accampamento malmesso.

Trebalo im je pola noći da svaki put postave neuredni logor.

E metà della mattina successiva la trascorsero di nuovo armeggiando con la slitta.

I pola sljedećeg jutra proveli su ponovno petljajući sa sankama.

Spesso a mezzogiorno si fermavano solo per sistemare il carico irregolare.

Do podneva su se često zaustavljali samo da poprave neravnomjeran teret.

In alcuni giorni percorsero meno di dieci miglia in totale.

Nekih su dana ukupno putovali manje od deset milja.

Altri giorni non riuscivano proprio ad abbandonare l'accampamento.

Drugih dana uopće nisu uspjeli napustiti logor.

Non sono mai riusciti a coprire la distanza alimentare prevista.

Nikada se nisu približili planiranoj udaljenosti za hranu.

Come previsto, il cibo per i cani finì molto presto.

Kao što se i očekivalo, vrlo brzo im je ponestalo hrane za pse.

Nei primi tempi hanno peggiorato ulteriormente la situazione con l'eccesso di cibo.

Pogoršali su stvari prejedanjem u ranim danima.

Ciò rendeva la carestia sempre più vicina, con ogni razione disattenta.

To je sa svakim nepažljivim obrokom približavalo glad.

I nuovi cani non avevano ancora imparato a sopravvivere con molto poco.

Novi psi nisu naučili preživjeti s vrlo malo hrane.

Mangiarono avidamente, con un appetito troppo grande per il sentiero.

Jeli su gladno, s apetitom prevelikim za put.

Vedendo i cani indebolirsi, Hal pensò che il cibo non fosse sufficiente.

Vidjevši kako psi slabe, Hal je vjerovao da hrana nije dovoljna.

Raddoppiò le razioni, peggiorando ulteriormente l'errore.

Udvostručio je obroke, čime je greška postala još gora.

Mercedes aggravò il problema con le sue lacrime e le sue suppliche sommesse.

Mercedes je problemu doprinijela suzama i tihim molbama.

Quando non riuscì a convincere Hal, diede da mangiare ai cani di nascosto.

Kad nije mogla uvjeriti Hala, potajno je nahranila pse.

Rubò il pesce dai sacchi e glielo diede alle spalle.

Krala je iz vreća s ribom i davala im je iza njegovih leđa.

Ma ciò di cui i cani avevano veramente bisogno non era altro cibo: era riposo.

Ali ono što psima zaista nije bilo potrebno bila je više hrane - bio je to odmor.

Nonostante la loro scarsa velocità, la pesante slitta continuava a procedere.

Loše su napredovali, ali teške saonice su se i dalje vukle.

Quel peso da solo esauriva ogni giorno le loro forze rimanenti.

Samo ta težina im je svakodnevno iscrpljivala preostalu snagu.

Poi arrivò la fase della sottoalimentazione, quando le scorte scarseggiavano.

Zatim je uslijedila faza pothranjenosti jer su zalihe nestajale.

Una mattina Hal si accorse che metà del cibo per cani era già finito.

Hal je jednog jutra shvatio da je pola pseće hrane već nestalo.

Avevano percorso solo un quarto della distanza totale del sentiero.

Prešli su samo četvrtinu ukupne udaljenosti staze.

Non si poteva più comprare cibo, a qualunque prezzo.

Više se nije mogla kupiti hrana, bez obzira na ponuđenu cijenu.

Ridusse le porzioni dei cani al di sotto della razione giornaliera standard.

Smanjio je porcije pasa ispod standardne dnevne porcije.

Allo stesso tempo, chiese di viaggiare più a lungo per compensare la perdita.

Istovremeno, zahtijevao je dulja putovanja kako bi nadoknadio gubitak.

Mercedes e Charles appoggiarono questo piano, ma fallirono nella sua realizzazione.

Mercedes i Charles su podržali ovaj plan, ali nisu uspjeli u njegovoj izvedbi.

La loro pesante slitta e la mancanza di abilità rendevano il progresso quasi impossibile.

Njihove teške saonice i nedostatak vještine učinili su napredak gotovo nemogućim.

Era facile dare meno cibo, ma impossibile forzare uno sforzo maggiore.

Bilo je lako dati manje hrane, ali nemoguće prisiliti se na veći napor.

Non potevano partire prima, né viaggiare per ore extra.

Nisu mogli rano krenuti, niti su mogli putovati prekovremeno.

Non sapevano come gestire i cani, e nemmeno loro stessi, a dire il vero.

Nisu znali kako upravljati psima, a ni sobom, što se toga tiče.

Il primo cane a morire fu Dub, lo sfortunato ma laborioso ladro.

Prvi pas koji je uginuo bio je Dub, nesretni, ali vrijedni lopov.

Sebbene spesso punito, Dub aveva fatto la sua parte senza lamentarsi.

Iako često kažnjavan, Dub je nosio svoju dužnost bez prigovora.

La sua spalla ferita peggiorò se non ricevette cure adeguate e non ebbe bisogno di riposo.

Njegovo ozlijeđeno rame se pogoršavalo bez njege ili potrebe za odmorom.

Alla fine, Hal usò la pistola per porre fine alle sofferenze di Dub.

Konačno, Hal je upotrijebio revolver kako bi okončao Dubovu patnju.

Un detto comune afferma che i cani normali muoiono se vengono nutriti con razioni di husky.

Uobičajena izreka tvrdila je da normalni psi umiru od haskijevih obroka.

I sei nuovi compagni di Buck avevano ricevuto solo metà della quota di cibo riservata all'husky.

Buckovih šest novih suputnika imalo je samo polovicu haskijevog udjela hrane.

Il Terranova morì per primo, seguito dai tre cani da caccia a pelo corto.

Prvo je uginuo novofaundlend, a zatim tri kratkodlaka poenta.

I due bastardi resistettero più a lungo ma alla fine morirono come gli altri.

Dva mješanca su se duže držala, ali su na kraju uginula kao i ostali.

Ormai tutti i comfort e la gentilezza del Southland erano scomparsi.

Do tada su sve pogodnosti i blagost Juga nestale.

Le tre persone avevano perso le ultime tracce della loro educazione civile.

To troje ljudi odbacilo je posljednje tragove svog civiliziranog odgoja.

Spogliato di glamour e romanticismo, il viaggio nell'Artico è diventato brutalmente reale.

Lišeno glamura i romantike, arktičko putovanje postalo je brutalno stvarno.

Era una realtà troppo dura per il loro senso di virilità e femminilità.

Bila je to presurova stvarnost za njihov osjećaj muževnosti i ženstvenosti.

Mercedes non piangeva più per i cani, ma piangeva solo per se stessa.

Mercedes više nije plakala za psima, već je sada plakala samo za sobom.

Trascorreva il tempo piangendo e litigando con Hal e Charles.

Vrijeme je provodila plačući i svađajući se s Halom i Charlesom.

Litigare era l'unica cosa per cui non si stancavano mai.

Svađa je bila jedina stvar za koju se nikad nisu previše umorili.

La loro irritabilità derivava dalla miseria, cresceva con essa e la superava.

Njihova razdražljivost dolazila je iz bijede, rasla je s njom i nadmašila je.

La pazienza del cammino, nota a coloro che faticano e soffrono con generosità, non è mai arrivata.

Strpljenje na putu, poznato onima koji se trude i pate ljubazno, nikada nije došlo.

Quella pazienza che rende dolce la parola nonostante il dolore, era a loro sconosciuta.

To strpljenje, koje održava govor slatkim kroz bol, bilo im je nepoznato.

Non avevano alcun briciolo di pazienza, nessuna forza derivante dalla sofferenza con grazia.

Nisu imali ni traga strpljenja, ni snage crpene iz patnje s milošću.

Erano irrigiditi dal dolore: dolori nei muscoli, nelle ossa e nel cuore.

Bili su ukočeni od boli - boljeli su ih mišići, kosti i srca.

Per questo motivo, divennero taglienti nella lingua e pronti a pronunciare parole dure.

Zbog toga su postali oštri na jeziku i brzi na grube riječi.

Ogni giorno iniziava e finiva con voci arrabbiate e lamentele amare.

Svaki dan je počinjao i završavao ljutitim glasovima i gorkim pritužbama.

Charles e Hal litigavano ogni volta che Mercedes ne dava loro l'occasione.

Charles i Hal su se svađali kad god bi im Mercedes dala priliku.

Ogni uomo credeva di aver fatto più del dovuto.

Svaki je čovjek vjerovao da je učinio više nego što mu pripada.

Nessuno dei due ha mai perso l'occasione di dirlo, ancora e ancora.

Niti jedno od njih nije propustilo priliku da to kaže, iznova i iznova.

A volte Mercedes si schierava con Charles, a volte con Hal.

Ponekad je Mercedes stala na stranu Charlesa, ponekad na stranu Hala.

Ciò portò a una grande e infinita lite tra i tre.

To je dovelo do velike i beskrajne svađe među njima trojicom.

La disputa su chi dovesse tagliare la legna da ardere divenne incontrollabile.

Spor oko toga tko bi trebao cijepati drva za ogrjev izmakao je kontroli.

Ben presto vennero nominati padri, madri, cugini e parenti defunti.

Ubrzo su imenovani očevi, majke, rođaci i preminuli rođaci.

Le opinioni di Hal sull'arte o sulle opere teatrali di suo zio divennero parte della lotta.

Halovi stavovi o umjetnosti ili drame njegovog ujaka postali su dio borbe.

Anche le convinzioni politiche di Carlo entrarono nel dibattito.

Charlesova politička uvjerenja također su ušla u raspravu.

Per Mercedes, perfino i pettegolezzi della sorella del marito sembravano rilevanti.

Mercedes su se čak i tračevi muževljeve sestre činili relevantnima.

Espresse la sua opinione su questo e su molti dei difetti della famiglia di Charles.

Iznijela je mišljenja o tome i o mnogim manama Charlesove obitelji.

Mentre discutevano, il fuoco rimase spento e l'accampamento mezzo allestito.

Dok su se prepirali, vatra je ostala ugašena, a logor napola zapaljen.

Nel frattempo i cani erano rimasti infreddoliti e senza cibo.

U međuvremenu, psi su ostali hladni i bez ikakve hrane.

Mercedes nutriva un risentimento che considerava profondamente personale.

Mercedes je imala zamjerku koju je smatrala duboko osobnom.

Si sentiva maltrattata in quanto donna e le venivano negati i suoi gentili privilegi.

Osjećala se zlostavljano kao žena, uskraćene su joj njezine privilegije blagonaklonosti.

Era carina e gentile, e per tutta la vita era stata abituata alla cavalleria.

Bila je lijepa i nježna, i cijeli život navikla na viteštvo.

Ma suo marito e suo fratello ora la trattavano con impazienza.

Ali njezin muž i brat sada su se prema njoj odnosili s nestrpljenjem.

A veva l'abitudine di comportarsi in modo impotente e loro cominciarono a lamentarsi.

Imala je naviku ponašati se bespomoćno, a oni su se počeli žaliti.

Offesa da ciò, rese loro la vita ancora più difficile.

Uvrijeđena time, dodatno im je otežala život.

Ignorò i cani e insistette per guidare lei stessa la slitta.

Ignorirala je pse i inzistirala je da sama vozi saonice.

Sebbene sembrasse esile, pesava centoventi libbre (circa quaranta chili).

Iako je bila lagane građe, težila je sto dvadeset funti.

Quel peso aggiuntivo era troppo per i cani affamati e deboli.

Taj dodatni teret bio je prevelik za izgladnjele, slabe pse.

Nonostante ciò, continuò a cavalcare per giorni, finché i cani non crollarono nelle redini.

Ipak, jahala je danima, sve dok se psi nisu srušili pod uzde.

La slitta si fermò e Charles e Hal la implorarono di proseguire a piedi.

Sanke su stajale mirno, a Charles i Hal su je molili da hoda.

Loro la implorarono e la scongiurarono, ma lei pianse e li definì crudeli.

Molili su i preklinjali, ali ona je plakala i nazivala ih okrutnima.

In un'occasione, la tirarono giù dalla slitta con pura forza e rabbia.

Jednom prilikom su je silom i bijesom skinuli sa saonica.

Dopo quello che accadde quella volta non ci riprovarono più.

Nikada više nisu pokušali nakon onoga što se tada dogodilo.

Si accasciò come una bambina viziata e si sedette nella neve.

Opustila se poput razmaženog djeteta i sjela u snijeg.

Continuarono a muoversi, ma lei si rifiutò di alzarsi o di seguirli.

Krenuli su dalje, ali ona je odbila ustati ili ih slijediti.

Dopo tre miglia si fermarono, tornarono indietro e la riportarono indietro.

Nakon tri milje, zaustavili su se, vratili i odnijeli je natrag.

La ricaricarono sulla slitta, usando ancora una volta la forza bruta.

Ponovno su je utovarili na sanjke, ponovno koristeći sirovu snagu.

Nella loro profonda miseria, erano insensibili alla sofferenza dei cani.

U svojoj dubokoj bijedi, bili su bešćutni prema patnji pasa.

Hal credeva che fosse necessario indurirsi e impose questa convinzione agli altri.

Hal je vjerovao da se čovjek mora otvrdnuti i nametao je to uvjerenje drugima.

Inizialmente ha cercato di predicare la sua filosofia a sua sorella

Prvo je pokušao propovijedati svoju filozofiju sestri

e poi, senza successo, predicò al cognato.

a zatim je bezuspješno propovijedao svom šogoru.

Ebbe più successo con i cani, ma solo perché li ferì.

Imao je više uspjeha sa psima, ali samo zato što ih je ozlijedio.

Da Five Fingers, il cibo per cani è rimasto completamente vuoto.

U Five Fingersu, hrana za pse je potpuno ostala bez hrane.

Una vecchia squaw sdentata vendette qualche chilo di pelle di cavallo congelata

Bezuba stara skvo prodala je nekoliko kilograma smrznute konjske kože

Hal scambiò la sua pistola con la pelle di cavallo secca.

Hal je zamijenio svoj revolver za osušenu konjsku kožu.

La carne proveniva dai cavalli affamati di allevatori di bovini, morti mesi prima.

Meso je došlo od izgladnjelih konja stočara mjesecima ranije.

Congelata, la pelle era come ferro zincato: dura e immangiabile.

Smrznuta, koža je bila poput pocinčanog željeza; žilava i nejestiva.

Per riuscire a mangiarla, i cani dovevano masticare la pelle senza sosta.

Psi su morali beskrajno žvakati kožu kako bi je pojeli.

Ma le corde coriacee e i peli corti non erano certo un nutrimento.

Ali kožaste niti i kratka kosa teško da su bile hrana.

La maggior parte della pelle era irritante e non era cibo in senso stretto.

Većina kože bila je iritantna i nije bila hrana u pravom smislu riječi.

E nonostante tutto, Buck barcollava davanti a tutti, come in un incubo.

I kroz sve to, Buck se teturao sprijeda, kao u noćnoj mori.

Quando poteva, tirava; quando non poteva, restava lì finché non veniva sollevato dalla frusta o dal bastone.

Vukao je kad god je mogao; kad nije, ležao je dok ga bič ili palica ne bi podigli.

Il suo pelo fine e lucido aveva perso tutta la rigidità e la lucentezza di un tempo.

Njegova fina, sjajna dlaka izgubila je svu nekadašnju čvrstoću i sjaj.

I suoi capelli erano flosci, spettinati e pieni di sangue rappreso a causa dei colpi.

Kosa mu je visjela mlohavo, raščupana i zgrušana od osušene krvi od udaraca.

I suoi muscoli si ridussero a midolli e i cuscinetti di carne erano tutti consumati.

Mišići su mu se smanjili u žice, a svi kožni jastučići bili su istrošeni.

Ogni costola, ogni osso erano chiaramente visibili attraverso le pieghe della pelle rugosa.

Svako rebro, svaka kost jasno se vidjela kroz nabore naborane kože.

Fu straziante, ma il cuore di Buck non riuscì a spezzarsi.

Bilo je srceparajuće, ali Buckovo srce se nije moglo slomiti.

L'uomo con il maglione rosso lo aveva testato e dimostrato molto tempo prima.

Čovjek u crvenom džemperu to je davno isprobao i dokazao.

Così come accadde a Buck, accadde anche a tutti i suoi compagni di squadra rimasti.

Kao što je bilo s Buckom, tako je bilo i sa svim njegovim preostalim suigračima.

Ce n'erano sette in totale, ognuno uno scheletro ambulante di miseria.

Bilo ih je ukupno sedam, svaki od njih hodajući kostur bijede.

Erano diventati insensibili alle fruste e sentivano solo un dolore distante.

Utrnuli su od udaraca bičem, osjećajući samo daleku bol.

Anche la vista e i suoni li raggiungevano debolmente, come attraverso una fitta nebbia.

Čak su im i vid i zvuk dopirali slabo, kao kroz gustu maglu.

Non erano mezzi vivi: erano ossa con deboli scintille al loro interno.

Nisu bili napola živi - bili su to kosti s prigušenim iskrama u sebi.

Una volta fermati, crollarono come cadaveri, con le scintille quasi del tutto spente.

Kad su se zaustavili, srušili su se poput leševa, njihove su iskre gotovo nestale.

E quando la frusta o il bastone colpivano di nuovo, le scintille sfarfallavano debolmente.

A kad bič ili toljaga ponovno udarili, iskre su slabo treperile.

Poi si alzarono, barcollarono in avanti e trascinarono le loro membra in avanti.

Zatim su se digli, teturali naprijed i vukli udove naprijed.

Un giorno il gentile Billee cadde e non riuscì più a rialzarsi.

Jednog dana, ljubazni Billee je pao i više se uopće nije mogao ustati.

Hal aveva scambiato la sua pistola con quella di Billee, così decise di ucciderla con un'ascia.

Hal je zamijenio svoj revolver, pa je umjesto toga ubio Billeeja sjekirom.

Lo colpì alla testa, poi gli tagliò il corpo e lo trascinò via.

Udario ga je po glavi, zatim mu je odsjekao tijelo i odvukao ga.

Buck se ne accorse, e così fecero anche gli altri: sapevano che la morte era vicina.

Buck je to vidio, kao i ostali; znali su da je smrt blizu.

Il giorno dopo Koona se ne andò, lasciando solo cinque cani nel gruppo affamato.

Sljedećeg dana Koona je otišao, ostavljajući samo pet pasa u izgladnjelom timu.

Joe, non più cattivo, era ormai troppo fuori di sé per rendersi conto di nulla.

Joe, više ne zao, bio je previše daleko da bi uopće bio svjestan ištaga.

Pike, ormai non fingeva più di essere ferito, era appena cosciente.

Pike, više ne glumeći ozljedu, jedva je bio pri svijesti.

Solleks, ancora fedele, si rammaricava di non avere più la forza di dare.

Solleks, još uvijek vjeran, tugovao je što nema snage dati.

Teek fu battuto più di tutti perché era più fresco, ma stava calando rapidamente.

Teek je najviše pretučen jer je bio svježiji, ali je brzo slabio.

E Buck, ancora in testa, non mantenne più l'ordine né lo fece rispettare.

A Buck, još uvijek na čelu, više nije održavao red niti ga provodio.

Mezzo accecato dalla debolezza, Buck seguì la pista solo a tentoni.

Poluslijep od slabosti, Buck je slijedio trag samo osjećajem.

Era una bellissima primavera, ma nessuno di loro se ne accorse.

Bilo je prekrasno proljetno vrijeme, ali nitko od njih to nije primijetio.

Ogni giorno il sole sorgeva prima e tramontava più tardi.

Svaki dan sunce je izlazilo ranije i zalazilo kasnije nego prije.

Alle tre del mattino era già spuntata l'alba; il crepuscolo durò fino alle nove.

Do tri ujutro svanula je zora; sumrak je trajao do devet.

Le lunghe giornate erano illuminate dal sole primaverile.

Dugi dani bili su ispunjeni punim sjajem proljetnog sunca.

Il silenzio spettrale dell'inverno si era trasformato in un caldo mormorio.

Sablasna tišina zime pretvorila se u toplo mrmljanje.

Tutta la terra si stava svegliando, animata dalla gioia degli esseri viventi.

Cijela se zemlja budila, živjela od radosti živih bića.

Il suono proveniva da ciò che era rimasto morto e immobile per tutto l'inverno.

Zvuk je dolazio iz onoga što je ležalo mrtvo i nepomično tijekom zime.

Ora quelle cose si mossero di nuovo, scrollandosi di dosso il lungo sonno del gelo.

Sada su se ta stvorenja ponovno pomaknula, otresajući se dugog ledenog sna.

La linfa saliva attraverso i tronchi scuri dei pini in attesa.

Sok se dizao kroz tamna debla borova koji su čekali.

Salici e pioppi tremuli fanno sbocciare giovani gemme luminose su ogni ramoscello.

Vrbe i jasike izbijaju sjajne mlade pupoljke na svakoj grančici.

Arbusti e viti si tingono di un verde fresco mentre il bosco si anima.

Grmlje i vinova loza poprimili su svježu zelenu boju dok su šume oživljavale.

Di notte i grilli cantavano e di giorno gli insetti strisciavano nella luce del sole.

Cvirci su noću cvrčali, a kukci su gmizali na dnevnom suncu.

Le pernici gridavano e i picchi picchiavano in profondità tra gli alberi.

Jarebice su tutnjale, a djetlići su kucali duboko u drveću.

Gli scoiattoli chiacchieravano, gli uccelli cantavano e le oche starnazzavano per richiamare l'attenzione dei cani.

Vjeverice su čavrljale, ptice pjevale, a guske su trubile nad psima.

Gli uccelli selvatici arrivavano a cunei affilati, volando in alto da sud.

Divlje peradi su dolazile u oštrim klinovima, leteći s juga.

Da ogni pendio giungeva la musica di ruscelli nascosti e impetuosi.

Sa svake padine dopirala je glazba skrivenih, žuborećih potoka.

Tutto si scongelava e si spezzava, si piegava e ricominciava a muoversi.

Sve se odmrznulo i puklo, savilo i ponovno se pokrenulo.

Lo Yukon si sforzò di spezzare le fredde catene del ghiaccio ghiacciato.

Yukon se naprezao da razbije hladne lance smrznutog leda.

Il ghiaccio si scioglieva sotto, mentre il sole lo scioglieva dall'alto.

Led se topio odozdo, dok ga je sunce topilo odozgo.

Si aprirono dei buchi, si allargarono delle crepe e dei pezzi caddero nel fiume.

Otvorili su se otvori za zrak, pukotine su se proširile, a komadi su padali u rijeku.

In mezzo a tutta questa vita sfrenata e sfrenata, i viaggiatori barcollavano.

Usred sveg tog užurbanog i plamtećeg života, putnici su teturali.

Due uomini, una donna e un branco di husky camminavano come morti.

Dva muškarca, žena i čopor haskija hodali su kao mrtvi.

I cani cadevano, Mercedes piangeva, ma continuava a guidare la slitta.

Psi su padali, Mercedes je plakala, ali je i dalje vozila saonice.

Hal imprecò debolmente e Charles sbatté le palpebre con gli occhi lacrimanti.

Hal je slabo opsovao, a Charles je trepnuo kroz suzne oči.

Si imbatterono nell'accampamento di John Thornton, nei pressi della foce del White River.

Nabasali su na logor Johna Thorntona kod ušća Bijele rijeke.

Quando si fermarono, i cani caddero a terra, come se fossero stati tutti colpiti a morte.

Kad su se zaustavili, psi su se srušili na zemlju, kao da su svi udareni mrtvi.

Mercedes si asciugò le lacrime e guardò John Thornton.

Mercedes je obrisala suze i pogledala Johna Thorntona.

Charles si sedette su un tronco, lentamente e rigidamente, dolorante per il sentiero.

Charles je sjedio na trupcu, polako i ukočeno, boleći se od staze.

Hal parlava mentre Thornton intagliava l'estremità del manico di un'ascia.

Hal je govorio dok je Thornton rezbario vrh drške sjekire.

Tagliò il legno di betulla e rispose con frasi brevi e decise.

Rezao je brezovo drvo i odgovarao kratkim, čvrstim odgovorima.

Quando gli veniva chiesto, dava un consiglio, certo che non sarebbe stato seguito.

Kad su ga pitali, dao je savjet, siguran da ga se neće poslušati.

Hal spiegò: "Ci avevano detto che il ghiaccio lungo la pista si stava staccando".

Hal je objasnio: „Rekli su nam da se led na stazi otapa.“

"Ci avevano detto che dovevamo restare fermi, ma siamo arrivati a White River."

„Rekli su da ostanemo ovdje - ali stigli smo do White Rivera.“

Concluse con un tono beffardo, come per cantare vittoria nelle difficoltà.

Završio je podrugljivim tonom, kao da tvrdi da je pobijedio u teškoćama.

"E ti hanno detto la verità", rispose John Thornton a bassa voce ad Hal.

„I rekli su ti istinu“, tiho je odgovorio John Thornton Halu.

"Il ghiaccio potrebbe cedere da un momento all'altro: è pronto a staccarsi."

„Led može popustiti svakog trena — spreman je otpasti."

"Solo la fortuna cieca e gli sciocchi avrebbero potuto arrivare vivi fin qui."

"Samo slijepa sreća i budale mogli su doživjeti ovoliko života."

"Te lo dico senza mezzi termini: non rischierei la vita per tutto l'oro dell'Alaska."

„Kažem ti otvoreno, ne bih riskirao život za svo aljaško zlato."

"Immagino che tu non sia uno stupido", rispose Hal.

„To je valjda zato što nisi budala", odgovori Hal.

"Comunque, andiamo avanti con Dawson." Srotolò la frusta.

„Svejedno, idemo dalje do Dawsona." Odmotao je bič.

"Sali, Buck! Ehi! Alzati! Forza!" urlò con voce roca.

„Popni se gore, Buck! Bok! Ustaj! Hajde!" oštro je viknuo.

Thornton continuò a intagliare, sapendo che gli sciocchi non volevano sentire ragioni.

Thornton je nastavio rezbariti, znajući da budale neće čuti razum.

Fermare uno stupido era inutile, e due o tre stupidi non cambiavano nulla.

Zaustaviti budalu bilo je uzaludno - a dvije ili tri budale nisu ništa promijenile.

Ma la squadra non si mosse al suono del comando di Hal.

Ali tim se nije pomaknuo na zvuk Halove naredbe.

Ormai solo i colpi potevano farli sollevare e avanzare.

Do sada su ih samo udarci mogli natjerati da se dignu i krenu naprijed.

La frusta schioccava ripetutamente sui cani indeboliti.

Bič je iznova i iznova udarao po oslabljenim psima.

John Thornton strinse forte le labbra e osservò in silenzio.

John Thornton čvrsto je stisnuo usne i promatrao u tišini.

Solleks fu il primo a rialzarsi sotto la frusta.

Solleks je prvi puzajući skočio na noge pod bičem.

Poi Teek lo seguì, tremando. Joe urlò mentre barcollava.

Zatim je Teek drhtavo krenuo za njim. Joe je kriknuo dok se spoticao.

Pike cercò di alzarsi, fallì due volte, poi alla fine si rialzò barcollando.

Pike je pokušao ustati, dvaput nije uspio, a onda je konačno nesigurno stao.

Ma Buck rimase lì dov'era caduto, senza muoversi affatto.

Ali Buck je ležao tamo gdje je pao, ovaj put se uopće nije pomicao.

La frusta lo colpì più volte, ma lui non emise alcun suono.

Bič ga je udarao iznova i iznova, ali nije ispustio ni glasa.

Lui non sussultò né oppose resistenza, rimase semplicemente immobile e in silenzio.

Nije se trznuo niti opirao, jednostavno je ostao miran i tih.

Thornton si mosse più di una volta, come per dire qualcosa, ma non lo fece.

Thornton se pomaknuo više puta, kao da će progovoriti, ali nije.

I suoi occhi si inumidirono, ma la frusta continuava a schioccare contro Buck.

Oči su mu se navlažile, a bič je i dalje udarao o Bucka.

Alla fine Thornton cominciò a camminare lentamente, incerto sul da farsi.

Konačno, Thornton je počeo polako koračati, nesiguran što da radi.

Era la prima volta che Buck falliva e Hal si infuriò.

Bio je to prvi put da Buck nije uspio, a Hal se razbjesnio.

Gettò via la frusta e prese al suo posto il pesante manganello.

Bacio je bič i umjesto toga podigao tešku toljagu.

La mazza di legno colpì con violenza, ma Buck non si alzò per muoversi.

Drvena toljaga snažno je pala, ali Buck se i dalje nije dizao da se pomakne.

Come i suoi compagni di squadra, era troppo debole, ma non solo.

Poput svojih suigrača, bio je preslab - ali više od toga.

Buck aveva deciso di non muoversi, qualunque cosa accadesse.

Buck je odlučio da se ne miče, bez obzira na to što će se dogoditi.

Sentì qualcosa di oscuro e sicuro incombere proprio davanti a sé.

Osjetio je nešto mračno i sigurno kako lebdi tik ispred sebe.

Quel terrore lo aveva colto non appena aveva raggiunto la riva del fiume.

Taj ga je strah obuzeo čim je stigao do obale rijeke.

Quella sensazione non lo aveva abbandonato da quando aveva sentito il ghiaccio assottigliarsi sotto le zampe.

Taj osjećaj ga nije napustio otkad je osjetio kako mu je led tanak pod šapama.

Qualcosa di terribile lo stava aspettando: lo sentiva proprio lungo il sentiero.

Nešto strašno ga je čekalo - osjećao je to odmah niz stazu.

Non avrebbe camminato verso quella cosa terribile davanti a lui

Nije namjeravao hodati prema toj strašnoj stvari ispred sebe.

Non avrebbe obbedito a nessun ordine che lo avrebbe condotto a quella cosa.

Nije namjeravao poslušati nikakvu naredbu koja ga je dovela do te stvari.

Ormai il dolore dei colpi non lo sfiorava più: era troppo stanco.

Bol od udaraca ga sada jedva da je doticala - bio je previše umoran.

La scintilla della vita tremolava lentamente, affievolita da ogni colpo crudele.

Iskra života slabo je treperila, prigušena pod svakim okrutnim udarcem.

Gli arti gli sembravano distanti; tutto il corpo sembrava appartenere a un altro.

Udovi su mu bili udaljeni; cijelo tijelo kao da je pripadalo nekome drugome.

Sentì uno strano torpore mentre il dolore scompariva completamente.

Osjetio je čudnu utrnulost dok je bol potpuno nestajala.

Da lontano, sentiva che lo stavano picchiando, ma non se ne rendeva conto.

Iz daljine je osjećao da ga tuku, ali jedva je bio svjestan toga.

Poteva udire debolmente i tonfi, ma ormai non gli facevano più male.

Slabo je čuo tupe udarce, ali više nisu istinski boljeli.

I colpi andarono a segno, ma il suo corpo non sembrava più il suo.

Udarci su padali, ali njegovo tijelo više nije izgledalo kao njegovo.

Poi, all'improvviso, senza alcun preavviso, John Thornton lanciò un grido selvaggio.

Tada je iznenada, bez upozorenja, John Thornton divlje kriknuo.

Era inarticolato, più il grido di una bestia che di un uomo.

Bio je neartikuliran, više krik zvijeri nego čovjeka.

Si lanciò sull'uomo con la mazza e fece cadere Hal all'indietro.

Skočio je na čovjeka s palicom i srušio Hala unatrag.

Hal volò come se fosse stato colpito da un albero, atterrando pesantemente al suolo.

Hal je poletio kao da ga je udarilo drvo, teško sletjevši na tlo.

Mercedes urlò a gran voce in preda al panico e si portò le mani al viso.

Mercedes je u panici glasno vrisnula i uhvatila se za lice.

Charles si limitò a guardare, si asciugò gli occhi e rimase seduto.

Charles je samo gledao, obrisao oči i ostao sjediti.

Il suo corpo era troppo irrigidito dal dolore per alzarsi o contribuire alla lotta.

Tijelo mu je bilo previše ukočeno od boli da bi ustao ili pomogao u borbi.

Thornton era in piedi davanti a Buck, tremante di rabbia, incapace di parlare.

Thornton je stajao nad Buckom, drhteći od bijesa, nesposoban progovoriti.

Tremava di rabbia e lottò per trovare la voce.

Tresao se od bijesa i borio se da pronađe svoj glas kroz njega.

"Se colpisci ancora quel cane, ti uccido", disse infine.

„Ako još jednom udariš tog psa, ubit ću te", konačno je rekao.

Hal si asciugò il sangue dalla bocca e tornò avanti.

Hal je obrisao krv s usta i ponovno prišao.

"È il mio cane", borbottò. "Togliti di mezzo o ti sistemo io."

„To je moj pas", promrmljao je. „Makni se s puta ili ću te ja srediti."

"Vado da Dawson e tu non mi fermerai", ha aggiunto.

„Idem u Dawson, a ti me nećeš zaustaviti", dodao je.

Thornton si fermò tra Buck e il giovane arrabbiato.

Thornton je čvrsto stajao između Bucka i ljutitog mladića.

Non aveva alcuna intenzione di farsi da parte o di lasciar passare Hal.

Nije imao namjeru da se pomakne ili pusti Hala da prođe.

Hal tirò fuori il suo coltello da caccia, lungo e pericoloso nella sua mano.

Hal je izvukao svoj lovački nož, dug i opasan u ruci.

Mercedes urlò, poi pianse, poi rise in preda a un'isteria selvaggia.

Mercedes je vrištala, zatim plakala, a zatim se divlje histerično smijala.

Thornton colpì la mano di Hal con il manico dell'ascia, con forza e rapidità.

Thornton je snažno i brzo udario Halovu ruku drškom sjekire.

Il coltello si liberò dalla presa di Hal e volò a terra.

Nož je ispao iz Halovog stiska i odletio na tlo.

Hal cercò di raccogliere il coltello, ma Thornton gli batté di nuovo le nocche.

Hal je pokušao podići nož, a Thornton je ponovno lupnuo zglobovima.

Poi Thornton si chinò, afferrò il coltello e lo tenne fermo.

Tada se Thornton sagnuo, zgrabio nož i držao ga.

Con due rapidi colpi del manico dell'ascia, tagliò le redini di Buck.

S dva brza udarca drškom sjekire prerezao je Buckove uzde.

Hal non aveva più voglia di combattere e si allontanò dal cane.

Hal nije više imao borbenosti i odmaknuo se od psa.

Inoltre, ora Mercedes aveva bisogno di entrambe le braccia per restare in piedi.

Osim toga, Mercedes je sada trebala obje ruke da bi se održala uspravno.

Buck era troppo vicino alla morte per poter nuovamente tirare la slitta.

Buck je bio preblizu smrti da bi ponovno bio koristan za vuču saonica.

Pochi minuti dopo, ripartirono, dirigendosi verso il fiume.

Nekoliko minuta kasnije, krenuli su niz rijeku.

Buck sollevò debolmente la testa e li guardò lasciare la banca.

Buck je slabo podigao glavu i gledao ih kako izlaze iz banke.

Pike guidava la squadra, con Solleks dietro al volante.

Pike je predvodio momčad, a Solleks je bio na začelju na poziciji volana.

Joe e Teek camminavano in mezzo, zoppicando entrambi per la stanchezza.

Joe i Teek su hodali između, obojica šepajući od iscrpljenosti.

Mercedes si sedette sulla slitta e Hal afferrò la lunga pertica.

Mercedes je sjedila na sanjkama, a Hal je čvrsto držao dugu motku za hvatanje.

Charles barcollava dietro di lui, con passi goffi e incerti.

Charles je teturao iza sebe, koraci su mu bili nespretni i nesigurni.

Thornton si inginocchiò accanto a Buck e tastò delicatamente per vedere se aveva ossa rotte.

Thornton je kleknuo pokraj Bucka i nježno opipao slomljene kosti.

Le sue mani erano ruvide, ma si muovevano con gentilezza e cura.

Ruke su mu bile grube, ali pokreti su im bili ljubazni i pažljivi.

Il corpo di Buck era pieno di lividi, ma non presentava lesioni permanenti.

Buckovo tijelo je bilo u modricama, ali nije pokazivalo trajne ozljede.

Ciò che restava era una fame terribile e una debolezza quasi totale.

Ono što je ostalo bila je strašna glad i gotovo potpuna slabost.

Quando la situazione fu più chiara, la slitta era già andata molto a valle.

Dok se to razvedrilo, saonice su već otišle daleko nizvodno.

L'uomo e il cane osservavano la slitta avanzare lentamente sul ghiaccio che si rompeva.

Čovjek i pas gledali su kako saonice polako pužu preko pucajućeg leda.

Poi videro la slitta sprofondare in una cavità.

Zatim su vidjeli kako saonice tonu u udubinu.

La pertica volò in alto, ma Hal vi si aggrappò ancora invano.

Motka je odletjela gore, a Hal se još uvijek uzalud držao za nju.

L'urlo di Mercedes li raggiunse attraverso la fredda distanza.

Mercedesin vrisak dopro je do njih preko hladne udaljenosti.

Charles si voltò e fece un passo indietro, ma era troppo tardi.

Charles se okrenuo i koraknuo unatrag - ali bilo je prekasno.

Un'intera calotta di ghiaccio cedette e tutti precipitarono.

Cijela ledena ploča se srušila i svi su propali.

Cani, slitte e persone scomparvero nelle acque nere sottostanti.

Psi, saonice i ljudi nestali su u crnoj vodi ispod.

Nel punto in cui erano passati era rimasto solo un largo buco nel ghiaccio.

Samo je široka rupa u ledu ostala tamo gdje su prošli.

Il fondo del sentiero era crollato, proprio come aveva previsto Thornton.

Dno staze se urušilo - baš kao što je Thornton upozorio.

Thornton e Buck si guardarono l'un l'altro, in silenzio per un momento.

Thornton i Buck su se pogledali i na trenutak zašutjeli.

"Povero diavolo", disse Thornton dolcemente, e Buck gli leccò la mano.

„Jadniče", reče Thornton tiho, a Buck mu poliza ruku.

Per amore di un uomo
Iz ljubavi prema čovjeku

John Thornton si congelò i piedi per il freddo del dicembre precedente.
Johnu Thorntonu su se smrzle noge u hladnoći prethodnog prosinca.
I suoi compagni lo fecero sentire a suo agio e lo lasciarono guarire da solo.
Njegovi partneri su ga smjestili i ostavili ga da se sam oporavlja.
Risalirono il fiume per raccogliere una zattera di tronchi da sega per Dawson.
Otišli su uz rijeku kako bi skupili gomilu pilana za Dawsona.
Zoppicava ancora leggermente quando salvò Buck dalla morte.
Još je lagano šepao kad je spasio Bucka od smrti.
Ma con il persistere del caldo, anche quella zoppia è scomparsa.
Ali kako je toplo vrijeme potrajalo, čak je i to hramanje nestalo.
Sdraiato sulla riva del fiume durante le lunghe giornate primaverili, Buck si riposò.
Ležeći uz obalu rijeke tijekom dugih proljetnih dana, Buck se odmarao.
Osservava l'acqua che scorreva e ascoltava gli uccelli e gli insetti.
Promatrao je tekuću vodu i slušao ptice i kukce.
Lentamente Buck riacquistò le forze sotto il sole e il cielo.
Polako je Buck vraćao snagu pod suncem i nebom.
Dopo aver viaggiato tremila miglia, riposarsi è stato meraviglioso.
Odmor je bio predivan nakon putovanja od tri tisuće milja.

Buck diventò pigro man mano che le sue ferite guarivano e il suo corpo si riempiva.

Buck je postao lijen dok su mu rane zacjeljivale, a tijelo se punilo.

I suoi muscoli si rassodarono e la carne tornò a ricoprire le sue ossa.

Mišići su mu se učvrstili, a meso se vratilo da prekrije njegove kosti.

Stavano tutti riposando: Buck, Thornton, Skeet e Nig.

Svi su se odmarali - Buck, Thornton, Skeet i Nig.

Aspettarono la zattera che li avrebbe portati a Dawson.

Čekali su splav koja će ih odvesti do Dawsona.

Skeet era un piccolo setter irlandese che fece amicizia con Buck.

Skeet je bio mali irski seter koji se sprijateljio s Buckom.

Buck era troppo debole e malato per resisterle al loro primo incontro.

Buck je bio preslab i bolestan da bi joj se odupro pri njihovom prvom susretu.

Skeet aveva la caratteristica di guaritore che alcuni cani possiedono per natura.

Skeet je imao osobinu iscjelitelja koju neki psi prirodno posjeduju.

Come una gatta, leccò e pulì le ferite aperte di Buck.

Poput majke mačke, lizala je i čistila Buckove otvorene rane.

Ogni mattina, dopo colazione, ripeteva il suo attento lavoro.

Svako jutro nakon doručka ponavljala je svoj pažljivi rad.

Buck finì per aspettarsi il suo aiuto tanto quanto quello di Thornton.

Buck je očekivao njezinu pomoć koliko i Thorntonovu.

Anche Nig era amichevole, ma meno aperto e meno affettuoso.

Nig je također bio prijateljski nastrojen, ali manje otvoren i manje privržen.

Nig era un grosso cane nero, in parte segugio e in parte levriero.

Nig je bio veliki crni pas, dijelom krvoslednik, a dijelom jelenski hrt.

Aveva occhi sorridenti e un'infinita bontà d'animo.

Imao je nasmijane oči i beskrajnu dobrotu u duši.

Con sorpresa di Buck, nessuno dei due cani mostrò gelosia nei suoi confronti.

Na Buckovo iznenađenje, nijedan pas nije pokazao ljubomoru prema njemu.

Sia Skeet che Nig condividevano la gentilezza di John Thornton.

I Skeet i Nig dijelili su ljubaznost Johna Thorntona.

Man mano che Buck diventava più forte, lo attiravano in stupidi giochi da cani.

Kako je Buck postajao sve jači, namamili su ga u glupe pseće igre.

Anche Thornton giocava spesso con loro, incapace di resistere alla loro gioia.

Thornton se također često igrao s njima, ne mogavši odoljeti njihovoj radosti.

In questo modo giocoso, Buck passò dalla malattia a una nuova vita.

Na ovaj razigran način, Buck je prešao iz bolesti u novi život.

L'amore, quello vero, ardente e passionale, era finalmente suo.

Ljubav - istinska, goruća i strastvena ljubav - napokon je bila njegova.

Non aveva mai conosciuto questo tipo di amore nella tenuta di Miller.

Nikada nije upoznao ovakvu ljubav na Millerovom imanju.

Con i figli del giudice aveva condiviso lavoro e avventure.

Sa sučevim sinovima dijelio je posao i avanturu.

Nei nipoti notò un orgoglio rigido e vanitoso.

Kod unuka je vidio ukočen i hvalisav ponos.

Con lo stesso giudice Miller aveva un rapporto di rispettosa amicizia.

Sa samim sucem Millerom imao je prijateljstvo puno poštovanja.

Ma l'amore che era fuoco, follia e adorazione era ciò che accadeva con Thornton.

Ali ljubav koja je bila vatra, ludilo i obožavanje došla je s Thorntonom.

Quest'uomo aveva salvato la vita di Buck, e questo di per sé significava molto.

Ovaj čovjek je spasio Buckov život, i samo to je mnogo značilo.

Ma più di questo, John Thornton era il tipo ideale di maestro.

Ali više od toga, John Thornton bio je idealan tip učitelja.

Altri uomini si prendevano cura dei cani per dovere o per necessità lavorative.

Drugi su se muškarci brinuli za pse iz dužnosti ili poslovne nužde.

John Thornton si prendeva cura dei suoi cani come se fossero figli.

John Thornton se brinuo za svoje pse kao da su mu djeca.

Si prendeva cura di loro perché li amava e semplicemente non poteva farne a meno.

Brinuo se za njih jer ih je volio i jednostavno si nije mogao pomoći.

John Thornton vide molto più lontano di quanto la maggior parte degli uomini riuscisse mai a vedere.

John Thornton je vidio čak i dalje nego što je većina ljudi ikada uspjela vidjeti.

Non dimenticava mai di salutarli gentilmente o di pronunciare una parola di incoraggiamento.

Nikada nije zaboravio ljubazno ih pozdraviti ili im reći koju riječ utjehe.

Amava sedersi con i cani per fare lunghe chiacchierate, o "gassy", come diceva lui.

Volio je sjediti sa psima na duge razgovore, ili "nadut", kako je govorio.

Gli piaceva afferrare bruscamente la testa di Buck tra le sue mani forti.

Volio je grubo zgrabiti Buckovu glavu svojim snažnim rukama.

Poi appoggiò la testa contro quella di Buck e lo scosse delicatamente.

Zatim je naslonio glavu na Buckovu i nježno ga protresao.

Nel frattempo, chiamava Buck con nomi volgari che per lui significavano affetto.

Sve vrijeme je Bucka nazivao grubim imenima koja su za Bucka značila ljubav.

Per Buck, quell'abbraccio rude e quelle parole portarono una gioia profonda.

Bucku su taj grubi zagrljaj i te riječi donijeli duboku radost.

A ogni movimento il suo cuore sembrava sussultare di felicità.

Činilo se da mu srce pri svakom pokretu zalupava od sreće.

Quando poi balzò in piedi, la sua bocca sembrava ridere.

Kad je poslije skočio, usta su mu izgledala kao da se smiju.

I suoi occhi brillavano intensamente e la sua gola tremava per una gioia inespressa.

Oči su mu jarko sjale, a grlo mu je drhtalo od neizrečene radosti.

Il suo sorriso rimase immobile in quello stato di emozione e affetto ardente.

Njegov osmijeh je stajao nepomično u tom stanju emocija i blistave naklonosti.

Allora Thornton esclamò pensieroso: "Dio! Riesce quasi a parlare!"

Tada je Thornton zamišljeno uzviknuo: „Bože! on gotovo može govoriti!"

Buck aveva uno strano modo di esprimere l'amore che quasi gli causava dolore.

Buck je imao čudan način izražavanja ljubavi koji je gotovo uzrokovao bol.

Spesso stringeva forte la mano di Thornton tra i denti.

Često je čvrsto stiskao Thorntonovu ruku zubima.

Il morso avrebbe lasciato segni profondi che sarebbero rimasti per qualche tempo.

Ugriz će ostaviti duboke tragove koji će ostati neko vrijeme nakon toga.

Buck credeva che quei giuramenti fossero amore, e Thornton la pensava allo stesso modo.

Buck je vjerovao da su te zakletve ljubav, a Thornton je znao isto.

Il più delle volte, l'amore di Buck si manifestava in un'adorazione silenziosa, quasi silenziosa.

Najčešće se Buckova ljubav pokazivala u tihom, gotovo nijemom obožavanju.

Sebbene fosse emozionato quando veniva toccato o gli si parlava, non cercava attenzione.

Iako je bio oduševljen kada bi ga se dodirnulo ili mu se govorilo, nije tražio pažnju.

Skeet spinse il naso sotto la mano di Thornton finché lui non la accarezzò.

Skeet je gurnula nos pod Thorntonovu ruku dok je nije pomilovao.

Nig si avvicinò silenziosamente e appoggiò la sua grande testa sulle ginocchia di Thornton.

Nig je tiho prišao i naslonio svoju veliku glavu na Thorntonovo koljeno.

Buck, al contrario, si accontentava di amare da una rispettosa distanza.

Buck je, nasuprot tome, bio zadovoljan što voli s poštovane udaljenosti.

Rimase sdraiato per ore ai piedi di Thornton, vigile e attento.

Satima je ležao pred Thorntonovim nogama, budan i pomno promatrajući.

Buck studiò ogni dettaglio del volto del suo padrone, perfino il più piccolo movimento.

Buck je proučavao svaki detalj lica svog gospodara i najmanji pokret.

Oppure sdraiati più lontano, studiando in silenzio la sagoma dell'uomo.

Ili je ležao dalje, u tišini proučavajući čovjekov oblik.

Buck osservava ogni piccolo movimento, ogni cambiamento di postura o di gesto.

Buck je promatrao svaki mali pokret, svaku promjenu držanja ili geste.

Questo legame era così potente che spesso catturava lo sguardo di Thornton.

Ta je veza bila toliko snažna da je često privlačila Thorntonov pogled.

Incontrò lo sguardo di Buck senza dire parole, e il suo amore traspariva chiaramente.

Sreo je Buckov pogled bez riječi, kroz koji je jasno sjala ljubav.

Per molto tempo dopo essere stato salvato, Buck non perse mai di vista Thornton.

Dugo nakon što je spašen, Buck nije ispuštao Thorntona iz vida.

Ogni volta che Thornton usciva dalla tenda, Buck lo seguiva da vicino all'esterno.

Kad god bi Thornton napustio šator, Buck bi ga pomno slijedio van.

Tutti i severi padroni delle Terre del Nord avevano fatto sì che Buck non riuscisse più a fidarsi.

Svi strogi gospodari na Sjeveru su Bucka uplašili da povjeruje.

Temeva che nessun uomo potesse restare suo padrone se non per un breve periodo.

Bojao se da nitko ne može ostati njegov gospodar dulje od kratkog vremena.

Temeva che John Thornton sarebbe scomparso come Perrault e François.

Bojao se da će John Thornton nestati poput Perraulta i Françoisa.

Anche di notte, la paura di perderlo tormentava il sonno agitato di Buck.

Čak i noću, strah od gubitka njega proganjao je Buckov nemiran san.

Quando Buck si svegliò, si trascinò fuori al freddo e andò nella tenda.

Kad se Buck probudio, iskrao se na hladnoću i otišao do šatora.

Ascoltò attentamente il leggero suono del suo respiro interiore.

Pažljivo je osluškivao tihi zvuk disanja iznutra.

Nonostante il profondo amore di Buck per John Thornton, la natura selvaggia sopravvisse.

Unatoč Buckovoj dubokoj ljubavi prema Johnu Thorntonu, divljina je ostala živa.

Quell'istinto primitivo, risvegliatosi nel Nord, non scomparve.

Taj primitivni instinkt, probuđen na Sjeveru, nije nestao.

L'amore portava devozione, lealtà e il caldo legame attorno al fuoco.

Ljubav je donijela odanost, lojalnost i toplu vezu uz kamin.

Ma Buck mantenne anche i suoi istinti selvaggi, acuti e sempre all'erta.

Ali Buck je također zadržao svoje divlje instinkte, oštre i uvijek budne.

Non era solo un animale domestico addomesticato proveniente dalle dolci terre della civiltà.

Nije bio samo pripitomljeni ljubimac iz mekih krajeva civilizacije.

Buck era un essere selvaggio che si era seduto accanto al fuoco di Thornton.

Buck je bio divlje biće koje je došlo sjesti kraj Thorntonove vatre.

Sembrava un cane del Southland, ma in lui albergava la natura selvaggia.

Izgledao je kao pas iz Južnja, ali u njemu je živjela divljina.

Il suo amore per Thornton era troppo grande per permettersi un furto da parte di quell'uomo.

Njegova ljubav prema Thorntonu bila je prevelika da bi dopustio krađu od njega.

Ma in qualsiasi altro campo ruberebbe con audacia e senza esitazione.

Ali u bilo kojem drugom taboru, krao bi hrabro i bez zastoja.

Era così abile nel rubare che nessuno riusciva a catturarlo o accusarlo.

Bio je toliko spretan u krađi da ga nitko nije mogao uhvatiti niti optužiti.

Il suo viso e il suo corpo erano coperti di cicatrici dovute a molti combattimenti passati.

Lice i tijelo bili su mu prekriveni ožiljcima od mnogih prošlih borbi.

Buck continuava a combattere con ferocia, ma ora lo faceva con maggiore astuzia.

Buck se i dalje žestoko borio, ali sada se borio s više lukavstva.

Skeet e Nig erano troppo docili per combattere, ed erano di Thornton.

Skeet i Nig bili su previše nježni za borbu, a bili su Thorntonovi.

Ma qualsiasi cane estraneo, non importa quanto forte o coraggioso, cedeva.

Ali svaki čudan pas, bez obzira koliko bio snažan ili hrabar, popustio je.

Altrimenti, il cane si ritrovò a combattere contro Buck, lottando per la propria vita.

Inače, pas se našao u borbi s Buckom; boreći se za svoj život.

Buck non ebbe pietà quando decise di combattere contro un altro cane.

Buck nije imao milosti kad se odlučio boriti protiv drugog psa.

Aveva imparato bene la legge del bastone e della zanna nel Nord.

Dobro je naučio zakon toljage i očnjaka na Sjeveru.

Non ha mai rinunciato a un vantaggio e non si è mai tirato indietro dalla battaglia.

Nikada nije ispustio prednost i nikada nije odustao od bitke.

Aveva studiato Spitz e i cani più feroci della polizia e della posta.

Proučavao je Špica i najžešće poštanske i policijske pse.

Sapeva chiaramente che non esisteva via di mezzo in un combattimento selvaggio.

Jasno je znao da u divljoj borbi nema srednjeg puta.

Doveva governare o essere governato; mostrare misericordia significava mostrare debolezza.

Morao je vladati ili biti vladan; pokazivanje milosrđa značilo je pokazivanje slabosti.

La pietà era sconosciuta nel mondo crudo e brutale della sopravvivenza.

Milost je bila nepoznata u surovom i brutalnom svijetu preživljavanja.

Mostrare pietà era visto come un atto di paura, e la paura conduceva rapidamente alla morte.

Pokazivanje milosrđa smatralo se strahom, a strah je brzo vodio do smrti.

La vecchia legge era semplice: uccidere o essere uccisi, mangiare o essere mangiati.

Stari zakon bio je jednostavan: ubij ili budi ubijen, pojedi ili budi pojeden.

Quella legge proveniva dalle profondità del tempo e Buck la seguì alla lettera.

Taj zakon došao je iz dubine vremena, a Buck ga se u potpunosti pridržavao.

Buck era più vecchio dei suoi anni e del numero dei suoi respiri.

Buck je bio stariji od svojih godina i broja udaha koje je udahnuo.

Collegava in modo chiaro il passato remoto con il momento presente.

Jasno je povezao davnu prošlost sa sadašnjim trenutkom.

I ritmi profondi dei secoli si muovevano attraverso di lui come le maree.

Duboki ritmovi stoljeća kretali su se kroz njega poput plime i oseke.

Il tempo pulsava nel suo sangue con la stessa sicurezza con cui le stagioni muovevano la terra.

Vrijeme je pulsiralo u njegovoj krvi jednako sigurno kao što su godišnja doba pomicala zemlju.

Sedeva accanto al fuoco di Thornton, con il petto forte e le zanne bianche.

Sjedio je kraj Thorntonove vatre, snažnih prsa i bijelih očnjaka.

La sua lunga pelliccia ondeggiava, ma dietro di lui lo osservavano gli spiriti dei cani selvatici.

Njegovo dugo krzno vijorilo se, ali iza njega su promatrali duhovi divljih pasa.

Lupi mezzi e lupi veri si agitavano nel suo cuore e nei suoi sensi.

Polubukovi i pravi vukovi komešali su se u njegovom srcu i osjetilima.

Assaggiarono la sua carne e bevvero la stessa acqua che bevve lui.

Kušali su njegovo meso i pili istu vodu kao i on.

Annusarono il vento insieme a lui e ascoltarono la foresta.

Njuškali su vjetar uz njega i osluškivali šumu.

Sussurravano il significato dei suoni selvaggi nell'oscurità.

Šaptali su značenja divljih zvukova u tami.

Modellavano il suo umore e guidavano ciascuna delle sue reazioni silenziose.

Oblikovali su njegova raspoloženja i vodili svaku njegovu tihu reakciju.

Giacevano accanto a lui mentre dormiva e diventavano parte dei suoi sogni profondi.

Ležali su s njim dok je spavao i postajali dio njegovih dubokih snova.

Sognavano con lui, oltre lui, e costituivano il suo stesso spirito.

Sanjali su s njim, izvan njega, i činili su sam njegov duh.

Gli spiriti della natura selvaggia chiamavano con tanta forza che Buck si sentì attratto.

Duhovi divljine zvali su tako snažno da se Buck osjećao privučeno.

Ogni giorno che passava, l'umanità e le sue rivendicazioni si indebolivano nel cuore di Buck.

Čovječanstvo i njegovi zahtjevi svakim su danom slabili u Buckovom srcu.

Nel profondo della foresta si stava per udire un richiamo strano ed emozionante.

Duboko u šumi, začuo se čudan i uzbudljiv zov.

Ogni volta che sentiva la chiamata, Buck provava un impulso a cui non riusciva a resistere.

Svaki put kad bi čuo poziv, Buck bi osjetio poriv kojem nije mogao odoljeti.

Avrebbe voltato le spalle al fuoco e ai sentieri battuti dagli uomini.

Namjeravao se okrenuti od vatre i s utabanih ljudskih staza.

Stava per addentrarsi nella foresta, avanzando senza sapere il perché.

Namjeravao je zaroniti u šumu, krenuti naprijed ne znajući zašto.

Non mise in discussione questa attrazione, perché la chiamata era profonda e potente.

Nije dovodio u pitanje tu privlačnost, jer je poziv bio dubok i snažan.

Spesso raggiungeva l'ombra verde e la terra morbida e intatta

Često je dopirao do zelene sjene i meke, netaknute zemlje

Ma poi il forte amore per John Thornton lo riportò al fuoco.

Ali onda ga je snažna ljubav prema Johnu Thorntonu ponovno povukla k vatri.

Soltanto John Thornton riuscì davvero a tenere stretto il cuore selvaggio di Buck.

Samo je John Thornton istinski držao Buckovo divlje srce u svom stisku.

Per Buck il resto dell'umanità non aveva alcun valore o significato duraturo.

Ostatak čovječanstva nije imao trajnu vrijednost ili značenje za Bucka.

Gli sconosciuti potrebbero lodarlo o accarezzargli la pelliccia con mani amichevoli.

Stranci bi ga mogli pohvaliti ili prijateljski pogladiti njegovo krzno.

Buck rimase impassibile e se ne andò per eccesso di affetto.

Buck je ostao nepokolebljiv i otišao je od prevelike naklonosti.

Hans e Pete arrivarono con la zattera che era stata attesa a lungo

Hans i Pete su stigli sa splavom koji se dugo čekao

Buck li ignorò finché non venne a sapere che erano vicini a Thornton.

Buck ih je ignorirao sve dok nije saznao da su blizu Thorntona.

Da allora in poi li tollerò, ma non dimostrò mai loro tutto il suo calore.

Nakon toga ih je tolerirao, ali im nikada nije pokazao punu toplinu.

Accettava da loro cibo o gentilezza come se volesse fare loro un favore.

Uzimao je hranu ili ljubaznost od njih kao da im čini uslugu.

Erano come Thornton: semplici, onesti e lucidi nei pensieri.

Bili su poput Thorntona - jednostavni, iskreni i jasnih misli.

Tutti insieme viaggiarono verso la segheria di Dawson e il grande vortice

Svi zajedno su otputovali do Dawsonove pilane i velikog vrtloga

Nel corso del loro viaggio impararono a comprendere profondamente la natura di Buck.

Na svom putovanju naučili su duboko razumjeti Buckovu prirodu.

Non cercarono di avvicinarsi come avevano fatto Skeet e Nig.

Nisu se pokušavali zbližiti kao što su to učinili Skeet i Nig.

Ma l'amore di Buck per John Thornton non fece che aumentare con il tempo.

Ali Buckova ljubav prema Johnu Thorntonu s vremenom se samo produbljivala.

Solo Thornton poteva mettere uno zaino sulla schiena di Buck durante l'estate.

Samo je Thornton mogao ljeti staviti teret na Bucka.

Buck era disposto a eseguire senza riserve qualsiasi ordine impartito da Thornton.

Što god Thornton naredio, Buck je bio spreman u potpunosti izvršiti.

Un giorno, dopo aver lasciato Dawson per le sorgenti del Tanana,

Jednog dana, nakon što su napustili Dawson i krenuli prema izvorima Tanane,

il gruppo era seduto su una rupe che scendeva per un metro fino a raggiungere la nuda roccia.

Grupa je sjedila na litici koja se spuštala metar do gole stijene.

John Thornton si sedette vicino al bordo e Buck si riposò accanto a lui.

John Thornton sjedio je blizu ruba, a Buck se odmarao pokraj njega.

Thornton ebbe un'idea improvvisa e richiamò l'attenzione degli uomini.

Thorntonu je iznenada sinula misao i skrenuo je pozornost muškaraca.

Indicò l'altro lato del baratro e diede a Buck un unico comando.

Pokazao je preko ponora i dao Bucku jednu naredbu.

"Salta, Buck!" disse, allungando il braccio oltre il precipizio.

„Skoči, Buck!" rekao je, zamahujući rukom preko provalije.

Un attimo dopo dovette afferrare Buck, che stava saltando per obbedire.

U trenutku je morao zgrabiti Bucka, koji je skočio da ga posluša.

Hans e Pete si precipitarono in avanti e tirarono entrambi indietro per metterli in salvo.

Hans i Pete su pojurili naprijed i povukli obojicu na sigurno.

Dopo che tutto fu finito e che ebbero ripreso fiato, Pete prese la parola.

Nakon što je sve završilo i nakon što su došli do daha, Pete se oglasio.

«È un amore straordinario», disse, scosso dalla feroce devozione del cane.

„Ljubav je neobična", rekao je, potresen psećom žestokom odanošću.

Thornton scosse la testa e rispose con calma e serietà.

Thornton je odmahnuo glavom i odgovorio mirnom ozbiljnošću.

«No, l'amore è splendido», disse, «ma anche terribile».

„Ne, ljubav je sjajna", rekao je, „ali i strašna."

"A volte, devo ammetterlo, questo tipo di amore mi fa paura."

„Ponekad, moram priznati, ovakva me ljubav plaši."

Pete annuì e disse: "Mi dispiacerebbe tanto essere l'uomo che ti tocca".

Pete je kimnuo i rekao: „Ne bih volio biti čovjek koji će te dodirnuti."

Mentre parlava, guardava Buck con aria seria e piena di rispetto.

Gledao je Bucka dok je govorio, ozbiljno i puno poštovanja.

"Py Jingo!" esclamò Hans in fretta. "Neanch'io, no signore."

„Py Jingo!" brzo reče Hans. „Ni ja, ne, gospodine."

Prima che finisse l'anno, i timori di Pete si avverarono a Circle City.

Prije kraja godine, Peteovi su se strahovi ostvarili u Circle Cityju.

Un uomo crudele di nome Black Burton attaccò una rissa nel bar.

Okrutni čovjek po imenu Black Burton započeo je tučnjavu u baru.

Era arrabbiato e cattivo, e si scagliava contro un novellino.

Bio je ljut i zloban, napadao je novog pripravnika.

John Thornton intervenne, calmo e bonario come sempre.

John Thornton je uskočio, miran i dobrodušan kao i uvijek.

Buck giaceva in un angolo, con la testa bassa, e osservava Thornton attentamente.

Buck je ležao u kutu, pognute glave, pomno promatrajući Thorntona.

Burton colpì all'improvviso e il suo pugno fece girare Thornton.

Burton je iznenada udario, a njegov je udarac zavrtio Thorntona.

Solo la ringhiera della sbarra gli impedì di cadere violentemente a terra.

Samo ga je ograda šanka spriječila da snažno padne na tlo.

Gli osservatori hanno sentito un suono che non era un abbaio o un guaito

Promatrači su čuli zvuk koji nije bio lavež ili cviljenje

Buck emise un profondo ruggito mentre si lanciava verso l'uomo.

Duboki urlik začuo se od Bucka dok se jurnuo prema čovjeku.

Burton alzò il braccio e per poco non si salvò la vita.

Burton je podigao ruku i jedva spasio vlastiti život.

Buck si schiantò contro di lui, facendolo cadere a terra.

Buck se zabio u njega i srušio ga na pod.

Buck gli diede un morso profondo al braccio, poi si lanciò alla gola.

Buck je duboko ugrizao čovjeku ruku, a zatim se bacio na grlo.

Burton riuscì a parare solo in parte e il suo collo fu squarciato.

Burton je mogao samo djelomično blokirati, a vrat mu je bio razderan.

Gli uomini si precipitarono dentro, brandendo i manganelli e allontanarono Buck dall'uomo sanguinante.

Muškarci su uletjeli unutra s podignutim palicama i otjerali Bucka s krvavog čovjeka.

Un chirurgo ha lavorato rapidamente per impedire che il sangue fuoriuscisse.

Kirurg je brzo djelovao kako bi zaustavio krvarenje.

Buck camminava avanti e indietro ringhiando, tentando di attaccare ancora e ancora.

Buck je koračao i režao, pokušavajući napasti iznova i iznova.

Soltanto i bastoni oscillanti gli impedirono di raggiungere Burton.

Samo su ga palice za zamahivanje spriječile da dođe do Burtona.

Proprio lì, sul posto, venne convocata una riunione dei minatori.

Sastanak rudara je sazvan i održan odmah na licu mjesta.

Concordarono sul fatto che Buck era stato provocato e votarono per liberarlo.

Složili su se da je Buck bio isprovociran i glasali su za njegovo oslobađanje.

Ma il nome feroce di Buck risuonava ormai in ogni accampamento dell'Alaska.

Ali Buckovo žestoko ime sada je odjekivalo u svakom logoru na Aljasci.

Più tardi, quello stesso autunno, Buck salvò Thornton di nuovo in un modo nuovo.

Kasnije te jeseni, Buck je ponovno spasio Thorntona na novi način.

I tre uomini stavano guidando una lunga barca lungo delle rapide impetuose.

Trojica muškaraca vodila su dugi čamac niz nemirne brzake.

Thornton manovrava la barca, gridando indicazioni per raggiungere la riva.

Thornton je upravljao čamcem, dozivajući upute za dolazak do obale.

Hans e Pete correvano sulla terraferma, tenendo una corda da un albero all'altro.

Hans i Pete trčali su po kopnu, držeći uže od drveta do drveta.

Buck procedeva a passo d'uomo sulla riva, tenendo sempre d'occhio il suo padrone.

Buck je držao korak na obali, neprestano promatrajući svog gospodara.

In un punto pericoloso, delle rocce sporgevano dall'acqua veloce.

Na jednom gadnom mjestu, stijene su stršile ispod brze vode.

Hans lasciò andare la cima e Thornton tirò la barca verso la larghezza.

Hans je pustio uže, a Thornton je široko upravljao čamcem.

Hans corse a percorrerla di nuovo, superando le pericolose rocce.

Hans je sprintom stigao do čamca, prošavši kroz opasne stijene.

La barca superò la sporgenza ma trovò una corrente più forte.

Čamac je prešao preko ruba, ali je udario u jači dio struje.

Hans afferrò la cima troppo velocemente e fece perdere l'equilibrio alla barca.

Hans je prebrzo zgrabio uže i izbacio čamac iz ravnoteže.

La barca si capovolse e sbatté contro la riva, con la parte inferiore rivolta verso l'alto.

Brod se prevrnuo i udario u obalu, dnom prema gore.

Thornton venne scaraventato fuori e trascinato nella parte più selvaggia dell'acqua.

Thorntona je izbacilo i odnijelo u najdivljiji dio vode.

Nessun nuotatore sarebbe sopravvissuto in quelle acque pericolose e pericolose.

Nijedan plivač ne bi mogao preživjeti u tim smrtonosnim, brzim vodama.

Buck si lanciò all'istante e inseguì il suo padrone lungo il fiume.

Buck je odmah skočio i potjerao svog gospodara niz rijeku.

Dopo trecento metri finalmente raggiunse Thornton.

Nakon tristo metara, napokon je stigao do Thorntona.

Thornton afferrò la coda di Buck, e Buck si diresse verso la riva.

Thornton je uhvatio Bucka za rep, a Buck se okrenuo prema obali.

Nuotò con tutte le sue forze, lottando contro la forte resistenza dell'acqua.

Plivao je punom snagom, boreći se s divljim otporom vode.

Si spostarono verso valle più velocemente di quanto riuscissero a raggiungere la riva.

Kretali su se nizvodno brže nego što su mogli stići do obale.

Più avanti, il fiume ruggiva più forte, precipitando in rapide mortali.

Ispred, rijeka je sve jače hučala dok se ulijevala u smrtonosne brzake.

Le rocce fendevano l'acqua come i denti di un enorme pettine.

Stijene su sjekle vodu poput zubaca ogromnog češlja.

La forza di attrazione dell'acqua nei pressi del dislivello era selvaggia e ineluttabile.

Povlačenje vode blizu pada bilo je divlje i neizbježno.

Thornton sapeva che non sarebbero mai riusciti a raggiungere la riva in tempo.

Thornton je znao da nikada neće moći stići na obalu na vrijeme.

Raschiò una roccia, ne sbatté una seconda,

Grebao je po jednoj stijeni, udario o drugu,

Poi si schiantò contro una terza roccia, afferrandola con entrambe le mani.

A onda se zabio u treću stijenu, uhvativši je objema rukama.

Lasciò andare Buck e urlò sopra il ruggito: "Vai, Buck! Vai!"

Pustio je Bucka i viknuo preko buke: „Naprijed, Buck! Naprijed!"

Buck non riuscì a restare a galla e fu trascinato dalla corrente.

Buck nije mogao ostati na površini i struja ga je odnijela.

Lottò con tutte le sue forze, cercando di girarsi, ma non fece alcun progresso.

Borio se snažno, mučeći se da se okrene, ali nije nimalo napredovao.

Poi sentì Thornton ripetere il comando sopra il fragore del fiume.

Tada je čuo Thorntona kako ponavlja naredbu preko huka rijeke.

Buck si impennò fuori dall'acqua e sollevò la testa come per dare un'ultima occhiata.

Buck se propeo iz vode i podigao glavu kao da ga posljednji put pogleda.

poi si voltò e obbedì, nuotando verso la riva con risolutezza.

zatim se okrenuo i poslušao, odlučno plivajući prema obali.

Pete e Hans lo tirarono a riva all'ultimo momento possibile.

Pete i Hans su ga izvukli na obalu u posljednjem mogućem trenutku.

Sapevano che Thornton avrebbe potuto aggrapparsi alla roccia solo per pochi minuti.

Znali su da se Thornton može držati stijene još samo nekoliko minuta.

Corsero su per la riva fino a un punto molto più in alto rispetto al punto in cui lui era appeso.

Potrčali su uz obalu do mjesta daleko iznad mjesta gdje je visio.

Legarono con cura la cima della barca al collo e alle spalle di Buck.

Pažljivo su privezali brodski konop za Buckov vrat i ramena.

La corda era stretta ma abbastanza larga da permettere di respirare e muoversi.

Uže je bilo čvrsto pričvršćeno, ali dovoljno labavo za disanje i kretanje.

Poi lo gettarono di nuovo nel fiume impetuoso e mortale.

Zatim su ga ponovno bacili u brzu, smrtonosnu rijeku.

Buck nuotò coraggiosamente ma non riuscì a prendere l'angolazione giusta per affrontare la forza della corrente.

Buck je hrabro plivao, ali je promašio svoj kut u snazi struje.

Si accorse troppo tardi che stava per superare Thornton.

Prekasno je shvatio da će proći pored Thorntona.

Hans tirò forte la corda, come se Buck fosse una barca che si capovolge.

Hans je čvrsto zategnuo uže, kao da je Buck prevrnuti brod.

La corrente lo trascinò sott'acqua e lui scomparve sotto la superficie.

Struja ga je povukla pod vodu i on je nestao ispod površine.

Il suo corpo colpì la riva prima che Hans e Pete lo tirassero fuori.

Tijelo mu je udarilo u banku prije nego što su ga Hans i Pete izvukli.

Era mezzo annegato e gli tolsero l'acqua dal corpo.

Bio je napola utopljen, a oni su mu istiskivali vodu.

Buck si alzò, barcollò e crollò di nuovo a terra.

Buck je ustao, posrnuo i ponovno se srušio na tlo.

Poi udirono la voce di Thornton portata debolmente dal vento.

Tada su čuli Thorntonov glas slabo nošen vjetrom.

Sebbene le parole non fossero chiare, sapevano che era vicino alla morte.

Iako riječi nisu bile jasne, znali su da je blizu smrti.

Il suono della voce di Thornton colpì Buck come una scossa elettrica.

Zvuk Thorntonovog glasa pogodio je Bucka poput električnog udara.

Saltò in piedi e corse su per la riva, tornando al punto di partenza.

Skočio je i potrčao uz obalu, vraćajući se do mjesta polaska.

Legarono di nuovo la corda a Buck, e di nuovo lui entrò nel fiume.

Ponovno su privezali uže za Bucka i ponovno je ušao u potok.

Questa volta nuotò direttamente e con decisione nell'acqua impetuosa.

Ovaj put je plivao direktno i čvrsto u brzu vodu.

Hans lasciò scorrere la corda con regolarità, mentre Pete impediva che si aggrovigliasse.

Hans je polako ispuštao uže dok ga je Pete sprječavao da se zapetlja.

Buck nuotò con forza finché non si trovò allineato appena sopra Thornton.

Buck je snažno plivao sve dok se nije poravnao točno iznad Thorntona.

Poi si voltò e si lanciò verso di lui come un treno a tutta velocità.

Zatim se okrenuo i pojurio dolje poput vlaka u punoj brzini.

Thornton lo vide arrivare, si preparò e gli abbracciò il collo.

Thornton ga je ugledao kako dolazi, pripremio se i obgrlio ga oko vrata.

Hans legò saldamente la corda attorno a un albero mentre entrambi venivano tirati sott'acqua.

Hans je čvrsto svezao uže oko drveta dok su obojica bili povučeni pod zemlju.

Caddero sott'acqua, schiantandosi contro rocce e detriti del fiume.

Prevrtali su se pod vodom, udarajući u stijene i riječne krhotine.

Un attimo prima Buck era in cima e un attimo dopo
Thornton si alzava ansimando.

U jednom trenutku Buck je bio na vrhu, a u sljedećem
Thornton se digao dahćući.

**Malconci e soffocati, si diressero verso la riva e si misero in
salvo.**

Izudarani i gušeći se, skrenuli su prema obali i sigurnosti.

**Thornton riprese conoscenza mentre era sdraiato su un
tronco alla deriva.**

Thornton se osvijestio, ležeći preko nanesenog balvana.

**Hans e Pete lavorarono duramente per riportarlo a respirare
e a vivere.**

Hans i Pete su naporno radili kako bi mu vratili dah i život.

**Il suo primo pensiero fu per Buck, che giaceva immobile e
inerte.**

Prva mu je pomisao bila na Bucka, koji je ležao nepomično i
mlohavo.

**Nig ululò sul corpo di Buck e Skeet gli leccò delicatamente il
viso.**

Nig je zavijao nad Buckovim tijelom, a Skeet mu je nježno
polizao lice.

**Thornton, dolorante e contuso, esaminò Buck con mano
attenta.**

Thornton, bolan i u modricama, pažljivo je pregledao Bucka.

**Ha trovato tre costole rotte, ma il cane non presentava ferite
mortali.**

Pronašao je tri slomljena rebra, ali nije bilo smrtonosnih rana
kod psa.

**"Questo è tutto", disse Thornton. "Ci accamperemo qui". E
così fecero.**

„To rješava stvar", rekao je Thornton. „Ovdje kampiramo." I
kampirali su.

**Rimasero lì finché le costole di Buck non guarirono e lui
poté di nuovo camminare.**

Ostali su dok Bucku nisu zacijelila rebra i dok ponovno nije
mogao hodati.

Quell'inverno Buck compì un'impresa che accrebbe ulteriormente la sua fama.

Te zime, Buck je izveo podvig koji je dodatno povećao njegovu slavu.

Fu un gesto meno eroico del salvataggio di Thornton, ma altrettanto impressionante.

Bilo je manje herojsko od spašavanja Thorntona, ali jednako impresivno.

A Dawson, i soci avevano bisogno di provviste per un viaggio lontano.

U Dawsonu su partnerima bile potrebne zalihe za daleko putovanje.

Volevano viaggiare verso est, in terre selvagge e incontaminate.

Željeli su putovati na Istok, u netaknute divlje krajeve.

Quel viaggio fu possibile grazie all'impresa compiuta da Buck nell'Eldorado Saloon.

Buckovo djelo u Eldorado Saloonu omogućilo je to putovanje.

Tutto cominciò con degli uomini che si vantavano dei loro cani bevendo qualcosa.

Počelo je s muškarcima koji su se hvalili svojim psima uz piće.

La fama di Buck lo rese bersaglio di sfide e dubbi.

Buckova slava učinila ga je metom izazova i sumnji.

Thornton, fiero e calmo, rimase fermo nel difendere il nome di Buck.

Thornton, ponosan i smiren, čvrsto je branio Buckovo ime.

Un uomo ha affermato che il suo cane riusciva a trainare facilmente duecentocinquanta chili.

Jedan je čovjek rekao da njegov pas može s lakoćom vući petsto kilograma.

Un altro disse seicento, e un terzo si vantò di settecento.

Drugi je rekao šest stotina, a treći se hvalio sa sedam stotina.

"Pfft!" disse John Thornton, "Buck può trainare una slitta da mille libbre."

„Pfft!" rekao je John Thornton, „Buck može vući saonice od tisuću funti."

Matthewson, un Bonanza King, si sporse in avanti e lo sfidò.

Matthewson, kralj Bonanze, nagnuo se naprijed i izazvao ga.

"Pensi che possa spostare tutto quel peso?"

„Misliš da može pokrenuti toliku težinu?"

"E pensi che riesca a sollevare il peso per cento metri?"

"I misliš da može povući tu težinu punih stotinu metara?"

Thornton rispose freddamente: "Sì. Buck è abbastanza cane da farlo."

Thornton je hladno odgovorio: „Da. Buck je dovoljno jak da to učini."

"Metterà in moto mille libbre e la tirerà per cento metri."

"Pokrenut će tisuću funti i povući ga stotinu metara."

Matthewson sorrise lentamente e si assicurò che tutti gli uomini udissero le sue parole.

Matthewson se polako nasmiješio i pobrinuo se da svi muškarci čuju njegove riječi.

"Ho mille dollari che dicono che non può. Eccoli."

„Imam tisuću dolara u kojima piše da ne može. Eto ga."

Sbatté sul bancone un sacco di polvere d'oro grande quanto una salsiccia.

Tresnuo je vrećicom zlatne prašine veličine kobasice o šank.

Nessuno disse una parola. Il silenzio si fece pesante e teso intorno a loro.

Nitko nije rekao ni riječi. Tišina je oko njih postajala sve teža i napetija.

Il bluff di Thornton, se mai lo fu, era stato preso sul serio.

Thorntonov blef - ako ga je uopće bilo - shvaćen je ozbiljno.

Sentì il calore salirgli al viso mentre il sangue gli affluiva alle guance.

Osjetio je vrućinu u licu dok mu je krv jurnula u obraze.

In quel momento la sua lingua aveva preceduto la ragione.

U tom trenutku mu je jezik preduhitrio razum.

Non sapeva davvero se Buck sarebbe riuscito a spostare mille libbre.

Zaista nije znao može li Buck pomaknuti tisuću funti.

Mezza tonnellata! Solo la sua mole gli faceva sentire il cuore pesante.

Pola tone! Sama veličina mu je stezala srce.

Aveva fiducia nella forza di Buck e lo riteneva capace.

Vjerovao je u Buckovu snagu i smatrao ga je sposobnim.

Ma non aveva mai affrontato una sfida di questo tipo, non in questo modo.

Ali nikada se nije suočio s ovakvim izazovom, ne ovakvim.

Una dozzina di uomini lo osservavano in silenzio, in attesa di vedere cosa avrebbe fatto.

Dvanaest muškaraca ga je tiho promatralo, čekajući da vide što će učiniti.

Lui non aveva i soldi, e nemmeno Hans e Pete.

Nije imao novca - ni Hans ni Pete.

"Ho una slitta fuori", disse Matthewson in modo freddo e diretto.

„Imam sanjke vani", rekao je Matthewson hladno i izravno.

"È carico di venti sacchi, da cinquanta libbre ciascuno, tutti di farina.

„Natovareno je s dvadeset vreća, svaka po pedeset funti, sve brašno."

Quindi non lasciare che la scomparsa della slitta diventi la tua scusa", ha aggiunto.

"Zato nemoj dopustiti da ti nestale sanjke sada budu izgovor", dodao je.

Thornton rimase in silenzio. Non sapeva che parole dire.

Thornton je šutio. Nije znao koje riječi da ponudi.

Guardò i volti intorno a sé senza vederli chiaramente.

Promatrao je lica oko sebe, ali ih nije jasno vidio.

Sembrava un uomo immerso nei suoi pensieri, che cercava di ripartire.

Izgledao je kao čovjek zamrznut u mislima, pokušavajući ponovno pokrenuti stvari.

Poi incontrò Jim O'Brien, un amico dei tempi dei Mastodon.

Tada je ugledao Jima O'Briena, prijatelja iz dana Mastodonta.

Quel volto familiare gli diede un coraggio che non sapeva di avere.

To poznato lice dalo mu je hrabrost za koju nije znao da je ima.

Si voltò e chiese a bassa voce: "Puoi prestarmi mille dollari?"

Okrenuo se i tiho upitao: „Možete li mi posuditi tisuću?"

"Certo", disse O'Brien, lasciando cadere un pesante sacco vicino all'oro.

„Naravno", rekao je O'Brien, već ispuštajući tešku vreću pokraj zlata.

"Ma sinceramente, John, non credo che la bestia possa fare questo."

„Ali iskreno, John, ne vjerujem da zvijer može to učiniti."

Tutti quelli presenti all'Eldorado Saloon si precipitarono fuori per assistere all'evento.

Svi u Eldorado Saloonu pojurili su van kako bi vidjeli događaj.

Lasciarono tavoli e bevande e perfino le partite furono sospese.

Napustili su stolove i pića, a čak su i igre bile pauzirane.

Croupier e giocatori accorsero per assistere alla conclusione di questa audace scommessa.

Dileri i kockari došli su svjedočiti kraju smjele oklade.

Centinaia di persone si radunarono attorno alla slitta sulla strada ghiacciata.

Stotine ljudi okupilo se oko saonica na zaleđenoj otvorenoj ulici.

La slitta di Matthewson era carica di un carico completo di sacchi di farina.

Matthewsonove saonice stajale su pune vreća brašna.

La slitta era rimasta ferma per ore a temperature sotto lo zero.

Sanke su satima stajale na minus temperaturama.

I pattini della slitta erano congelati e incollati alla neve compatta.

Klizači saonica bili su čvrsto smrznuti na utabanom snijegu.

Gli uomini scommettevano due a uno che Buck non sarebbe riuscito a spostare la slitta.

Muškarci su ponudili kvotu dva prema jedan da Buck neće moći pomaknuti saonice.

Scoppiò una disputa su cosa significasse realmente "break out".

Izbila je rasprava o tome što "izbiti" zapravo znači.

O'Brien ha affermato che Thornton dovrebbe allentare la base ghiacciata della slitta.

O'Brien je rekao da Thornton treba olabaviti smrznutu podlogu saonica.

Buck potrebbe quindi "rompere" una partenza solida e immobile.

Buck je tada mogao "izbiti" iz čvrstog, nepomičnog početka.

Matthewson sosteneva che anche il cane doveva liberare i corridori.

Matthewson je tvrdio da pas mora osloboditi i trkače.

Gli uomini che avevano sentito la scommessa concordavano con Matthewson.

Muškarci koji su čuli okladu složili su se s Matthewsonovim mišljenjem.

Con questa sentenza, le probabilità contro Buck salirono a tre a uno.

S tom presudom, izgledi su skočili na tri prema jedan protiv Bucka.

Nessuno si fece avanti per accettare le crescenti quote di tre a uno.

Nitko nije istupio kako bi iskoristio rastuće izglede tri prema jedan.

Nessuno credeva che Buck potesse compiere la grande impresa.

Niti jedan čovjek nije vjerovao da Buck može izvesti taj veliki podvig.

Thornton era stato spinto a scommettere, pieno di dubbi.

Thorntona su na brzinu uvukli u okladu, opterećenog sumnjama.

Ora guardava la slitta e la muta di dieci cani accanto ad essa.

Sada je pogledao saonice i zapregu od deset pasa pokraj njih.

Vedere la realtà del compito lo faceva sembrare ancora più impossibile.

Vidjeti stvarnost zadatka učinilo ga je još nemogućim.

In quel momento Matthewson era pieno di orgoglio e sicurezza.

Matthewson je u tom trenutku bio pun ponosa i samopouzdanja.

"Tre a uno!" urlò. "Ne scommetto altri mille, Thornton!

„Tri prema jedan!" viknuo je. „Kladim se na još tisuću, Thorntone!"

"Cosa dici?" aggiunse, abbastanza forte da farsi sentire da tutti.

„Što kažeš?" dodao je dovoljno glasno da ga svi čuju.

Il volto di Thornton esprimeva i suoi dubbi, ma il suo spirito era sollevato.

Thorntonovo lice odavalo je sumnje, ali mu se duh uzdigao.

Quello spirito combattivo ignorava le avversità e non temeva nulla.

Taj borbeni duh ignorirao je izglede i nije se ničega bojao.

Chiamò Hans e Pete perché portassero tutti i loro soldi al tavolo.

Nazvao je Hansa i Petea da donesu sav svoj novac na stol.

Non gli era rimasto molto altro: solo duecento dollari in tutto.

Malo im je ostalo - samo dvjesto dolara zajedno.

Questa piccola somma costituiva la loro intera fortuna nei momenti difficili.

Taj mali iznos bio je njihovo ukupno bogatstvo tijekom teških vremena.

Ciononostante puntarono tutta la loro fortuna contro la scommessa di Matthewson.

Ipak, uložili su svo bogatstvo protiv Matthewsonove oklade.

La muta composta da dieci cani venne sganciata e allontanata dalla slitta.

Zaprega od deset pasa bila je otkačena i udaljila se od saonica.

Buck venne messo alle redini, indossando la sua consueta imbracatura.

Buck je stavljen na uzde, noseći svoju poznatu ormu.

Aveva colto l'energia della folla e ne aveva percepito la tensione.

Osjetio je energiju gomile i napetost.

In qualche modo sapeva che doveva fare qualcosa per John Thornton.

Nekako je znao da mora nešto učiniti za Johna Thorntona.

La gente mormorava ammirata di fronte alla figura fiera del cane.

Ljudi su s divljenjem mrmljali na ponosnu pseću figuru.

Era magro e forte, senza un solo grammo di carne in più.

Bio je mršav i snažan, bez ijednog dodatnog gramića mesa.

Il suo peso di centocinquanta chili era sinonimo di potenza e resistenza.

Njegova puna težina od sto pedeset funti sastojala se od snage i izdržljivosti.

Il mantello di Buck brillava come la seta, denso di salute e forza.

Buckov kaput blistao je poput svile, gust od zdravlja i snage.

La pelliccia sul collo e sulle spalle sembrava sollevarsi e drizzarsi.

Krzno uz njegov vrat i ramena kao da se podiglo i nakostriješilo.

La sua criniera si muoveva leggermente, ogni capello era animato dalla sua grande energia.

Griva mu se lagano pomicala, svaka vlas živjela je od njegove velike energije.

Il suo petto ampio e le sue gambe forti si sposavano bene con la sua corporatura pesante e robusta.

Njegova široka prsa i snažne noge odgovarale su njegovoj teškoj, žilavoj građi.

I muscoli si tesero sotto il cappotto, tesi e sodi come ferro legato.

Mišići su mu se mreškali pod kaputom, napeti i čvrsti poput okovanog željeza.

Gli uomini lo toccavano e giuravano che era fatto come una macchina d'acciaio.

Muškarci su ga dodirivali i kleli se da je građen poput čeličnog stroja.

Le probabilità contro il grande cane sono scese leggermente a due a uno.

Izgledi su se neznatno smanjili na dva prema jedan protiv velikog psa.

Un uomo dei banchi di Skookum si fece avanti balbettando.

Čovjek sa Skookumovih klupa progurao se naprijed, mucajući.

"Bene, signore! Offro ottocento per lui... prima della prova, signore!"

„Dobro, gospodine! Nudim osamsto za njega - prije ispita, gospodine!"

"Ottocento, così com'è adesso!" insistette l'uomo.

„Osamsto, koliko sada stoji!" inzistirao je čovjek.

Thornton fece un passo avanti, sorrise e scosse la testa con calma.

Thornton je istupio naprijed, nasmiješio se i mirno odmahnuo glavom.

Matthewson intervenne rapidamente con tono ammonitore e aggrottando la fronte.

Matthewson se brzo umiješao upozoravajućim glasom i namrštio se.

"Devi allontanarti da lui", disse. "Dagli spazio."

„Moraš se odmaknuti od njega", rekao je. „Daj mu prostora."

La folla tacque; solo i giocatori continuavano a offrire due a uno.

Gomila je utihnula; samo su kockari još uvijek nudili dva prema jedan.

Tutti ammiravano la corporatura di Buck, ma il carico sembrava troppo pesante.

Svi su se divili Buckovoj građi, ali teret je izgledao prevelik.

Venti sacchi di farina, ciascuno del peso di cinquanta libbre, sembravano decisamente troppi.

Dvadeset vreća brašna - svaka teška pedeset funti - činilo se previše.

Nessuno era disposto ad aprire la borsa e a rischiare i propri soldi.

Nitko nije bio spreman otvoriti vrećicu i riskirati svoj novac.

Thornton si inginocchiò accanto a Buck e gli prese la testa tra entrambe le mani.

Thornton je kleknuo pokraj Bucka i uhvatio mu glavu objema rukama.

Premette la guancia contro quella di Buck e gli parlò all'orecchio.

Prislonio je obraz uz Buckov i progovorio mu na uho.

Non c'erano più né scossoni giocosi né insulti affettuosi sussurrati.

Više nije bilo razigranog tresenja niti šaputanja ljubavnih uvreda.

Mormorò solo dolcemente: "Quanto mi ami, Buck."

Samo je tiho promrmljao: „Koliko god me voliš, Buck."

Buck emise un gemito sommesso, trattenendo a stento la sua impazienza.

Buck je ispustio tihi jauk, jedva obuzdavajući nestrpljenje.

Gli astanti osservavano con curiosità la tensione che aleggiava nell'aria.

Promatrači su sa znatiželjom promatrali kako napetost ispunjava zrak.

Quel momento sembrava quasi irreale, qualcosa che trascendeva la ragione.

Trenutak se činio gotovo nestvarnim, kao nešto izvan razuma.

Quando Thornton si alzò, Buck gli prese delicatamente la mano tra le fauci.

Kad je Thornton ustao, Buck mu je nježno uhvatio ruku za čeljust.

Premette con i denti, poi lasciò andare lentamente e delicatamente.

Pritisnuo je zubima, a zatim polako i nježno pustio.

Fu una risposta silenziosa d'amore, non detta, ma compresa.

Bio je to tihi odgovor ljubavi, ne izgovoren, već shvaćen.

Thornton si allontanò di molto dal cane e diede il segnale.

Thornton se odmaknuo daleko od psa i dao znak.

"Ora, Buck", disse, e Buck rispose con calma concentrata.

„Dakle, Buck", rekao je, a Buck je odgovorio usredotočenim mirom.

Buck tese le corde, poi le allentò di qualche centimetro.

Buck je zategnuo tračnice, a zatim ih olabavio za nekoliko centimetara.

Questo era il metodo che aveva imparato; il suo modo per rompere la slitta.

To je bila metoda koju je naučio; njegov način da razbije saonice.

"Caspita!" urlò Thornton, con voce acuta nel silenzio pesante.

„Bože!" viknuo je Thornton oštrim glasom u teškoj tišini.

Buck si girò verso destra e si lanciò con tutto il suo peso.

Buck se okrenuo udesno i skočio svom svojom težinom.

Il gioco svanì e tutta la massa di Buck colpì le timonerie strette.

Opuštenost je nestala, a Buckova puna masa udarila je u uske tračnice.

La slitta tremò e i pattini produssero un suono secco e scoppiettante.

Sanke su se tresle, a klizači su ispuštali oštar pucketavi zvuk.

"Haw!" ordinò Thornton, cambiando di nuovo direzione a Buck.

„Haw!" zapovjedi Thornton, ponovno mijenjajući Buckov smjer.

Buck ripeté la mossa, questa volta tirando bruscamente verso sinistra.

Buck je ponovio pokret, ovaj put oštro povukavši ulijevo.

La slitta scricchiolava più forte, i pattini schioccavano e si spostavano.

Sanke su pucketale glasnije, klizači su pucketali i pomicali se.

Il pesante carico scivolò leggermente di lato sulla neve ghiacciata.

Teški teret klizio je lagano postrance preko smrznutog snijega.

La slitta si era liberata dalla presa del sentiero ghiacciato!

Sanke su se oslobodile stiska zaleđene staze!

Gli uomini trattennero il respiro, inconsapevoli di non stare nemmeno respirando.

Muškarci su zadržavali dah, nesvjesni da čak ni ne dišu.

"Ora, TIRA!" gridò Thornton nel silenzio glaciale.

„Sada, POVUCI!" viknuo je Thornton kroz ledenu tišinu.

Il comando di Thornton risuonò netto, come lo schiocco di una frusta.

Thorntonova naredba odjeknula je oštro, poput udarca bičem.

Buck si lanciò in avanti con un affondo violento e violento.

Buck se bacio naprijed žestokim i udarnim iskorakom.

Tutto il suo corpo si irrigidì e si contrasse sotto l'enorme sforzo.

Cijelo mu se tijelo napelo i zgrčilo od ogromnog napora.

I muscoli si muovevano sotto la pelliccia come serpenti che prendevano vita.

Mišići su mu se mreškali pod krznom poput zmija koje oživljavaju.

Il suo grande petto era basso e la testa era protesa in avanti verso la slitta.

Njegova velika prsa bila su niska, glava ispružena prema saonicama.

Le sue zampe si muovevano come fulmini e gli artigli fendevano il terreno ghiacciato.

Šape su mu se kretale poput munje, kandže su sijekle smrznuto tlo.

I solchi erano profondi mentre lottava per ogni centimetro di trazione.

Utori su bili duboki dok se borio za svaki centimetar prianjanja.

La slitta ondeggiò, tremò e cominciò a muoversi lentamente e in modo inquieto.

Sanke su se zaljuljale, zadrhtale i započele sporo, nemirno kretanje.

Un piede scivolò e un uomo tra la folla gemette ad alta voce.

Jedna noga je poskliznula, a čovjek u gomili je glasno zastenjao.

Poi la slitta si lanciò in avanti con un movimento brusco e a scatti.

Zatim su saonice krenule naprijed trzavim, grubim pokretom.

Non si fermò più: mezzo pollice...un pollice...cinque pollici in più.

Nije se opet zaustavilo - pola centimetra... centimetar... dva centimetra više.

Gli scossoni si fecero più lievi man mano che la slitta cominciava ad acquistare velocità.

Trzaji su postajali sve manji kako su saonice počele ubrzavati.

Presto Buck cominciò a tirare con una potenza fluida e uniforme.

Ubrzo je Buck vukao glatkom, ravnomjernom, kotrljajućom snagom.

Gli uomini sussultarono e finalmente si ricordarono di respirare di nuovo.

Muškarci su uzdahnuli i konačno se sjetili ponovno disati.

Non si erano accorti che il loro respiro si era fermato per lo stupore.

Nisu primijetili da im je od strahopoštovanja zastao dah.

Thornton gli corse dietro, gridando comandi brevi e allegri.

Thornton je trčao iza, vičući kratke, vesele naredbe.

Davanti a noi c'era una catasta di legna da ardere che segnava la distanza.

Ispred je bila hrpa drva za ogrjev koja je označavala udaljenost.

Mentre Buck si avvicinava al mucchio, gli applausi diventavano sempre più forti.

Kako se Buck približavao hrpi, navijanje je postajalo sve glasnije i glasnije.

Gli applausi crebbero fino a diventare un boato quando Buck superò il traguardo.

Navijanje se pretvorilo u urlik dok je Buck prolazio krajnju točku.

Gli uomini saltarono e gridarono, perfino Matthewson sorrise.

Muškarci su skakali i vikali, čak se i Matthewson nasmiješio.

I cappelli volavano in aria e i guanti venivano lanciati senza pensarci o mirare.

Šeširi su letjeli u zrak, rukavice su bacane bez razmišljanja i cilja.

Gli uomini si afferrarono e si strinsero la mano senza sapere chi.

Muškarci su se uhvatili i rukovali ne znajući s kim.

Tutta la folla era in delirio, in un tripudio di gioia e di entusiasmo.

Cijela je gomila brujala u divljem, radosnom slavlju.

Thornton cadde in ginocchio accanto a Buck con le mani tremanti.

Thornton je drhtavim rukama pao na koljena pokraj Bucka.

Premette la testa contro quella di Buck e lo scosse delicatamente avanti e indietro.

Pritisnuo je glavu uz Buckovu i nježno ga protresao naprijed-natrag.

Chi si avvicinava lo sentiva maledire il cane con amore silenzioso.

Oni koji su se približavali čuli su ga kako s tihom ljubavlju proklinje psa.

Imprecò a lungo contro Buck, con dolcezza, calore, emozione.

Dugo je psovao Bucka - tiho, toplo, s emocijama.

"Bene, signore! Bene, signore!" esclamò di corsa il re della panchina di Skookum.

„Dobro, gospodine! Dobro, gospodine!" povikao je kralj Skookumske klupe u žurbi.

"Le darò mille, anzi milleduecento, per quel cane, signore!"

„Dat ću vam tisuću — ne, tisuću i dvijesto — za tog psa, gospodine!"

Thornton si alzò lentamente in piedi, con gli occhi brillanti di emozione.

Thornton se polako ustao, a oči su mu sjale od emocija.

Le lacrime gli rigavano le guance senza alcuna vergogna.

Suze su mu otvoreno tekle niz obraze bez ikakvog srama.

"Signore", disse al re della panchina di Skookum, con fermezza e fermezza

„Gospodine", rekao je kralju klupe Skookum, mirno i čvrsto

"No, signore. Può andare all'inferno, signore. Questa è la mia risposta definitiva."

„Ne, gospodine. Možete ići dovraga, gospodine. To je moj konačni odgovor."

Buck afferrò delicatamente la mano di Thornton tra le sue forti mascelle.

Buck je nježno uhvatio Thorntonovu ruku svojim snažnim čeljustima.

Thornton lo scosse scherzosamente; il loro legame era più profondo che mai.

Thornton ga je razigrano protresao, njihova veza duboka kao i uvijek.

La folla, commossa dal momento, fece un passo indietro in silenzio.

Gomila, dirnuta trenutkom, povukla se u tišini.

Da quel momento in poi nessuno osò più interrompere un affetto così sacro.

Od tada se nitko nije usudio prekinuti takvu svetu naklonost.

Il suono della chiamata
Zvuk poziva

Buck aveva guadagnato milleseicento dollari in cinque minuti.
Buck je zaradio tisuću i šest stotina dolara u pet minuta.
Il denaro permise a John Thornton di saldare alcuni dei suoi debiti.
Novac je omogućio Johnu Thorntonu da otplati dio svojih dugova.
Con il resto del denaro si diresse verso est insieme ai suoi soci.
S ostatkom novca krenuo je na Istok sa svojim partnerima.
Cercarono una leggendaria miniera perduta, antica quanto il paese stesso.
Tražili su legendarni izgubljeni rudnik, star kao i sama zemlja.
Molti uomini avevano cercato la miniera, ma pochi l'avevano trovata.
Mnogi su ljudi tražili rudnik, ali malo ih je ikada pronašlo.
Molti uomini erano scomparsi durante la pericolosa ricerca.
Više od nekoliko muškaraca je nestalo tijekom opasne potrage.
Questa miniera perduta era avvolta nel mistero e nella vecchia tragedia.
Ovaj izgubljeni rudnik bio je obavijen i misterijom i starom tragedijom.
Nessuno sapeva chi fosse stato il primo uomo a scoprire la miniera.
Nitko nije znao tko je bio prvi čovjek koji je pronašao rudnik.
Le storie più antiche non menzionano nessuno per nome.
Najstarije priče ne spominju nikoga po imenu.
Lì c'era sempre stata una vecchia capanna fatiscente.
Ondje je oduvijek bila jedna stara, trošna koliba.
I moribondi avevano giurato che vicino a quella vecchia capanna ci fosse una miniera.
Umirući ljudi su se kleli da se pored te stare kolibe nalazi rudnik.

Hanno dimostrato le loro storie con un oro che non ha eguali altrove.

Svoje su priče dokazali zlatom kakvo se nigdje drugdje ne može naći.

Nessuna anima viva aveva mai saccheggiato il tesoro da quel luogo.

Nitko živ nikada nije opljačkao blago s tog mjesta.

I morti erano morti e i morti non raccontano storie.

Mrtvi su bili mrtvi, a mrtvi ljudi ne pričaju priče.

Così Thornton e i suoi amici si diressero verso Est.

Tako su se Thornton i njegovi prijatelji uputili na Istok.

Si unirono a noi Pete e Hans, portando con sé Buck e sei cani robusti.

Pete i Hans su se pridružili, dovodeći Bucka i šest snažnih pasa.

Si avviarono lungo un sentiero sconosciuto dove altri avevano fallito.

Krenuli su nepoznatim putem gdje su drugi podbacili.

Percorsero in slitta settanta miglia lungo il fiume Yukon ghiacciato.

Sankali su se sedamdeset milja uz zaleđenu rijeku Yukon.

Girarono a sinistra e seguirono il sentiero verso lo Stewart.

Skrenuli su lijevo i slijedili stazu u Stewart.

Superarono il Mayo e il McQuestion e proseguirono oltre.

Prošli su pokraj Mayoa i McQuestiona, nastavljajući dalje.

Lo Stewart si restringeva fino a diventare un ruscello, infilandosi tra cime frastagliate.

Stewart se smanjio u potok, provlačeći se preko nazubljenih vrhova.

Queste vette aguzze rappresentavano la spina dorsale del continente.

Ovi oštri vrhovi označavali su samu kralježnicu kontinenta.

John Thornton pretendeva poco dagli uomini e dalla terra selvaggia.

John Thornton je malo tražio od ljudi ili divljine.

Non temeva nulla della natura e affrontava la natura selvaggia con disinvoltura.

Nije se bojao ničega u prirodi i s lakoćom se suočavao s divljinom.

Con solo del sale e un fucile poteva viaggiare dove voleva.

Samo sa soli i puškom mogao je putovati kamo god je želio.

Come gli indigeni, durante il viaggio cacciava per procurarsi il cibo.

Poput domorodaca, lovio je hranu dok je putovao.

Se non prendeva nulla, continuava ad andare avanti, confidando nella fortuna che lo attendeva.

Ako ništa ne bi ulovio, nastavio bi dalje, uzdajući se u sreću.

Durante questo lungo viaggio, la carne era l'alimento principale di cui si nutrivano.

Na ovom dugom putovanju, meso je bila glavna hrana koju su jeli.

La slitta trasportava attrezzi e munizioni, ma non c'era un orario preciso.

Sanke su sadržavale alat i streljivo, ali nije bilo strogog rasporeda.

Buck amava questo vagabondare, la caccia e la pesca senza fine.

Buck je volio ovo lutanje; beskrajni lov i ribolov.

Per settimane viaggiarono senza sosta, giorno dopo giorno.

Tjednima su putovali dan za danom.

Altre volte si accampavano e restavano fermi per settimane.

Drugi put su pravili logore i ostajali nepomično tjednima.

I cani riposarono mentre gli uomini scavavano nel terreno ghiacciato.

Psi su se odmarali dok su muškarci kopali po smrznutoj zemlji.

Scaldavano le padelle sul fuoco e cercavano l'oro nascosto.

Grijali su tave na vatri i tražili skriveno zlato.

C'erano giorni in cui pativano la fame, altri in cui banchettavano.

Nekih su dana gladovali, a nekih su dana imali gozbe.

Il loro pasto dipendeva dalla selvaggina e dalla fortuna della caccia.

Njihovi obroci ovisili su o divljači i sreći u lovu.

Con l'arrivo dell'estate, uomini e cani caricavano carichi sulle spalle.

Kad je došlo ljeto, muškarci i psi su natovarili terete na leđa.

Fecero rafting sui laghi azzurri nascosti nelle foreste di montagna.

Splavarili su preko plavih jezera skrivenih u planinskim šumama.

Navigavano su imbarcazioni sottili su fiumi che nessun uomo aveva mai mappato.

Plovili su uskim čamcima rijekama koje nitko nikada nije mapirao.

Quelle barche venivano costruite con gli alberi che avevano segato in natura.

Ti su brodovi bili izgrađeni od drveća koje su pilili u divljini.

Passarono i mesi e loro viaggiarono attraverso terre selvagge e sconosciute.

Mjeseci su prolazili, a oni su se vijugali kroz divlje nepoznate krajeve.

Non c'erano uomini lì, ma vecchie tracce lasciavano intendere che alcuni di loro fossero presenti.

Nije bilo muškaraca tamo, ali stari tragovi su nagovještavali da su muškarci bili tamo.

Se la Capanna Perduta fosse esistita davvero, allora altre persone in passato erano passate da lì.

Ako je Izgubljena koliba bila stvarna, onda su i drugi nekoć prolazili ovuda.

Attraversavano passi alti durante le bufere di neve, anche d'estate.

Prelazili su visoke prijevoje u mećavama, čak i ljeti.

Rabbrividivano sotto il sole di mezzanotte sui pendii brulli delle montagne.

Drhtali su pod ponoćnim suncem na golim planinskim obroncima.

Tra il limite degli alberi e i campi di neve, salivano lentamente.

Između ruba drveća i snježnih polja, polako su se penjali.

Nelle valli calde, scacciavano nuvole di moscerini e mosche.
U toplim dolinama, udarali su po oblacima komaraca i muha.
Raccolsero bacche dolci vicino ai ghiacciai nel pieno della fioritura estiva.
Brali su slatke bobice blizu ledenjaka u punom ljetnom cvatu.
I fiori che trovarono erano belli quanto quelli del Southland.
Cvijeće koje su pronašli bilo je jednako lijepo kao ono u Južnoj zemlji.
Quell'autunno giunsero in una regione solitaria piena di laghi silenziosi.
Te jeseni stigli su u usamljenu regiju ispunjenu tihim jezerima.
La terra era triste e vuota, un tempo brulicava di uccelli e animali.
Zemlja je bila tužna i pusta, nekada živjela pticama i zvijerima.
Ora non c'era più vita, solo il vento e il ghiaccio che si formava nelle pozze.
Sada nije bilo života, samo vjetar i led koji se stvarao u lokvama.
Le onde lambivano le rive deserte con un suono dolce e lugubre.
Valovi su udarali o prazne obale tihim, tužnim zvukom.

Arrivò un altro inverno e loro seguirono di nuovo deboli e vecchi sentieri.
Došla je još jedna zima i opet su slijedili slabe, stare tragove.
Erano le tracce di uomini che avevano cercato molto prima di loro.
To su bili tragovi ljudi koji su tražili davno prije njih.
Una volta trovarono un sentiero che si inoltrava nel profondo della foresta oscura.
Jednom su pronašli stazu usječenu duboko u mračnu šumu.
Era un vecchio sentiero e sentivano che la baita perduta era vicina.
Bila je to stara staza, i osjećali su da je izgubljena koliba blizu.
Ma il sentiero non portava da nessuna parte e si perdeva nel fitto del bosco.
Ali staza nije vodila nikamo i gubila se u gustoj šumi.

Nessuno sapeva chi avesse tracciato il sentiero e perché lo avesse fatto.

Tko god je napravio stazu i zašto ju je napravio, nitko nije znao.

Più tardi trovarono i resti di una capanna nascosta tra gli alberi.

Kasnije su pronašli ruševine kolibe skrivene među drvećem.

Coperte marce erano sparse dove un tempo qualcuno aveva dormito.

Trule deke ležale su razbacane tamo gdje je netko nekoć spavao.

John Thornton trovò sepolto all'interno un fucile a pietra focaia a canna lunga.

John Thornton je unutra pronašao zakopanu kremenu pušku s dugom cijevi.

Sapeva fin dai primi tempi che si trattava di un cannone della Hudson Bay.

Znao je da je ovo top iz Hudsonovog zaljeva još iz ranih trgovačkih dana.

A quei tempi, tali armi venivano barattate con pile di pelli di castoro.

U to vrijeme takve su se puške mijenjale za hrpe dabrovih koža.

Questo era tutto: non rimaneva alcuna traccia dell'uomo che aveva costruito la loggia.

To je bilo sve - nije ostao nikakav trag o čovjeku koji je sagradio kolibu.

Arrivò di nuovo la primavera e non trovarono traccia della Capanna Perduta.

Proljeće je ponovno došlo, a nisu pronašli ni traga Izgubljenoj kolibi.

Invece trovarono un'ampia valle con un ruscello poco profondo.

Umjesto toga pronašli su široku dolinu s plitkim potokom.

L'oro si stendeva sul fondo della pentola come burro giallo e liscio.

Zlato je ležalo na dnu tave poput glatkog, žutog maslaca.

Si fermarono lì e non cercarono oltre la cabina.

Zaustavili su se tamo i nisu dalje tražili kolibu.

Ogni giorno lavoravano e ne trovavano migliaia di pezzi in polvere d'oro.

Svaki dan su radili i pronalazili tisuće u zlatnoj prašini.

Confezionarono l'oro in sacchi di pelle di alce, da cinquanta libbre ciascuno.

Zlato su pakirali u vreće od losove kože, svaku po pedeset funti.

I sacchi erano accatastati come legna da ardere fuori dal loro piccolo rifugio.

Vreće su bile naslagane poput drva za ogrjev ispred njihove male kolibe.

Lavoravano come giganti e i giorni trascorrevano veloci come sogni.

Radili su kao divovi, a dani su prolazili poput brzih snova.

Accumularono tesori mentre gli infiniti giorni trascorrevano rapidamente.

Gomilali su blago dok su beskrajni dani brzo prolazili.

I cani avevano ben poco da fare, se non trasportare la carne di tanto in tanto.

Psi nisu imali puno posla osim što su s vremena na vrijeme nosili meso.

Thornton cacciò e uccise la selvaggina, mentre Buck si sdraiò accanto al fuoco.

Thornton je lovio i ubijao divljač, a Buck je ležao kraj vatre.

Trascorse lunghe ore in silenzio, perso nei pensieri e nei ricordi.

Provodio je duge sate u tišini, izgubljen u mislima i sjećanjima.

L'immagine dell'uomo peloso tornava sempre più spesso alla mente di Buck.

Slika dlakavog čovjeka sve se češće pojavljivala u Buckovim mislima.

Ora che il lavoro scarseggiava, Buck sognava mentre sbatteva le palpebre verso il fuoco.

Sad kad je posla bilo malo, Buck je sanjario trepćući prema vatri.

In quei sogni, Buck vagava con l'uomo in un altro mondo.

U tim snovima, Buck je lutao s čovjekom u drugom svijetu.

La paura sembrava il sentimento più forte in quel mondo lontano.

Strah se činio najjačim osjećajem u tom dalekom svijetu.

Buck vide l'uomo peloso dormire con la testa bassa.

Buck je vidio dlakavog čovjeka kako spava nisko pognute glave.

Aveva le mani giunte e il suo sonno era agitato e interrotto.

Ruke su mu bile stisnute, a san nemiran i isprekidan.

Si svegliava di soprassalto e fissava il buio con timore.

Znao se naglo probuditi i prestrašeno zuriti u tamu.

Poi aggiungeva altra legna al fuoco per mantenere viva la fiamma.

Zatim bi bacao još drva na vatru kako bi plamen održao jakim.

A volte camminavano lungo una spiaggia in riva a un mare grigio e infinito.

Ponekad su šetali plažom uz sivo, beskrajno more.

L'uomo peloso raccolse i frutti di mare e li mangiò mentre camminava.

Dlakavi čovjek je brao školjke i jeo ih dok je hodao.

I suoi occhi cercavano sempre pericoli nascosti nell'ombra.

Njegove su oči uvijek tražile skrivene opasnosti u sjenama.

Le sue gambe erano sempre pronte a scattare al primo segno di minaccia.

Njegove su noge uvijek bile spremne za sprint na prvi znak prijetnje.

Avanzavano furtivamente nella foresta, silenziosi e cauti, uno accanto all'altro.

Šuljali su se kroz šumu, tihi i oprezni, jedan pored drugog.

Buck lo seguì alle calcagna, ed entrambi rimasero all'erta.

Buck ga je slijedio za petama, a obojica su ostali na oprezu.

Le loro orecchie si muovevano e si contraevano, i loro nasi fiutavano l'aria.

Uši su im trzale i pomicale se, nosovi su im njuškali zrak.

L'uomo riusciva a sentire e ad annusare la foresta in modo altrettanto acuto quanto Buck.

Čovjek je mogao čuti i namirisati šumu jednako oštro kao i Buck.

L'uomo peloso si lanciò tra gli alberi a velocità improvvisa.

Dlakavi čovjek se iznenadnom brzinom zaljuljao kroz drveće.

Saltava da un ramo all'altro senza mai perdere la presa.

Skakao je s grane na granu, nikada ne promašujući hvat.

Si muoveva con la stessa rapidità con cui si muoveva sopra e sopra il terreno.

Kretao se jednako brzo iznad zemlje kao i po njoj.

Buck ricordava le lunghe notti passate sotto gli alberi a fare la guardia.

Buck se sjećao dugih noći pod drvećem, dok je stražario.

L'uomo dormiva appollaiato sui rami, aggrappandosi forte.

Čovjek je spavao sklupčan u granama, čvrsto se držeći.

Questa visione dell'uomo peloso era strettamente legata al richiamo profondo.

Ova vizija dlakavog čovjeka bila je usko povezana s dubokim zovom.

Il richiamo risuonava ancora nella foresta con una forza inquietante.

Poziv je i dalje odjekivao šumom proganjajućom snagom.

La chiamata riempì Buck di desiderio e di un inquieto senso di gioia.

Poziv je ispunio Bucka čežnjom i nemirnim osjećajem radosti.

Sentì strani impulsi e stimoli a cui non riusciva a dare un nome.

Osjećao je čudne porive i nagone koje nije mogao imenovati.

A volte seguiva la chiamata inoltrandosi nel silenzio dei boschi.

Ponekad je slijedio poziv duboko u tihu šumu.

Cercava il richiamo, abbaiando piano o bruscamente mentre camminava.

Tražio je zov, lajući tiho ili oštro dok je išao.

Annusò il muschio e il terreno nero dove cresceva l'erba.

Ponjušio je mahovinu i crno tlo gdje su rasle trave.

Sbuffò di piacere sentendo i ricchi odori della terra profonda.

Frknuo je od užitka na bogate mirise duboke zemlje.

Rimase accovacciato per ore dietro i tronchi ricoperti di funghi.

Satima se skrivao iza debala prekrivenih gljivicama.

Rimase immobile, ascoltando con gli occhi sgranati ogni minimo rumore.

Ostao je miran, širom otvorenih očiju osluškujući svaki, i najmanji zvuk.

Forse sperava di sorprendere la cosa che aveva emesso la chiamata.

Možda se nadao da će iznenaditi ono što je pozvalo.

Non sapeva perché si comportava in quel modo: lo faceva e basta.

Nije znao zašto se tako ponašao - jednostavno jest.

Questi impulsi provenivano dal profondo, al di là del pensiero o della ragione.

Porivi su dolazili iz dubine, izvan misli ili razuma.

Buck fu colto da impulsi irresistibili, senza preavviso o motivo.

Neodoljivi porivi obuzeli su Bucka bez upozorenja ili razloga.

A volte sonnecchiava pigramente nell'accampamento, sotto il caldo di mezzogiorno.

Ponekad je lijeno drijemao u logoru pod podnevnom vrućinom.

All'improvviso sollevò la testa e le sue orecchie si drizzarono in allerta.

Odjednom je podigao glavu, a uši su mu se naćulile.

Poi balzò in piedi e si lanciò nella natura selvaggia senza fermarsi.

Zatim je skočio i bez zadržavanja jurnuo u divljinu.

Corse per ore attraverso sentieri forestali e spazi aperti.

Satima je trčao šumskim stazama i otvorenim prostorima.

Amava seguire i letti asciutti dei torrenti e spiare gli uccelli sugli alberi.

Volio je pratiti suha korita potoka i promatrati ptice u drveću.

Poteva restare nascosto tutto il giorno, osservando le pernici che si pavoneggiavano in giro.

Mogao je cijeli dan ležati skriven, promatrajući jarebice kako se šepure uokolo.

Suonavano i tamburi e marciavano, ignari della presenza immobile di Buck.

Bubnjali su i marširali, nesvjesni Buckove još uvijek prisutnosti.

Ma ciò che amava di più era correre al crepuscolo estivo.

Ali ono što je najviše volio bilo je trčanje u sumrak ljeti.

La luce fioca e i suoni assonnati della foresta lo riempivano di gioia.

Prigušeno svjetlo i pospani šumski zvukovi ispunjavali su ga radošću.

Leggeva i cartelli della foresta con la stessa chiarezza con cui un uomo legge un libro.

Čitao je šumske znakove jasno kao što čovjek čita knjigu.

E cercava sempre la strana cosa che lo chiamava.

I uvijek je tražio onu čudnu stvar koja ga je zvala.

Quella chiamata non si è mai fermata: lo raggiungeva sia da sveglio che nel sonno.

Taj poziv nikada nije prestajao - dopirao ga je budnog ili spavajućeg.

Una notte si svegliò di soprassalto, con gli occhi acuti e le orecchie tese.

Jedne noći se naglo probudio, oštrog pogleda i naćuljenih ušiju.

Le sue narici si contrassero mentre la sua criniera si rizzava in onde.

Nozdrve su mu se trznule dok mu se griva nakostriješila u valovima.

Dal profondo della foresta giunse di nuovo quel suono, il vecchio richiamo.

Iz dubine šume ponovno se začuo zvuk, stari zov.

Questa volta il suono risuonò chiaro, un ululato lungo, inquietante e familiare.

Ovaj put zvuk je odjeknuo jasno, dug, proganjajući, poznati urlik.

Era come il verso di un husky, ma dal tono strano e selvaggio.

Bilo je to poput krika haskija, ali čudnog i divljeg tona.

Buck riconobbe subito quel suono: lo aveva già sentito molto tempo prima.

Buck je odmah prepoznao zvuk - davno je čuo isti zvuk.

Attraversò con un balzo l'accampamento e scomparve rapidamente nel bosco.

Skočio je kroz logor i brzo nestao u šumi.

Avvicinandosi al suono, rallentò e si mosse con cautela.

Kako se približavao zvuku, usporio je i kretao se oprezno.

Presto raggiunse una radura tra fitti pini.

Ubrzo je stigao do čistine između gustih borova.

Lì, ritto sulle zampe posteriori, sedeva un lupo grigio alto e magro.

Tamo, uspravno na stražnjim nogama, sjedio je visok, mršav šumski vuk.

Il naso del lupo puntava verso il cielo, continuando a riecheggiare il richiamo.

Vučji nos bio je usmjeren prema nebu, još uvijek odjekujući zovom.

Buck non aveva emesso alcun suono, eppure il lupo si fermò e ascoltò.

Buck nije ispustio ni glasa, ali vuk se ipak zaustavio i osluškivao.

Percependo qualcosa, il lupo si irrigidì e scrutò l'oscurità.

Osjetivši nešto, vuk se ukočio, pretražujući tamu.

Buck si fece avanti furtivamente, con il corpo basso e i piedi ben appoggiati al terreno.

Buck se ušuljao u vidokrug, prignutog tijela, stopala mirno na tlu.

La sua coda era dritta e il suo corpo era teso e teso.

Rep mu je bio ravan, tijelo čvrsto sklupčano od napetosti.

Manifestava sia un atteggiamento minaccioso che una sorta di rude amicizia.

Pokazivao je i prijetnju i neku vrstu grubog prijateljstva.

Era il saluto cauto tipico delle bestie selvatiche.

Bio je to oprezan pozdrav koji dijele divlje zvijeri.

Ma il lupo si voltò e fuggì non appena vide Buck.

Ali vuk se okrenuo i pobjegao čim je ugledao Bucka.

Buck si lanciò all'inseguimento, saltando selvaggiamente, desideroso di raggiungerlo.

Buck je krenuo u potjeru, divlje skačući, željan da ga sustigne.

Seguì il lupo in un ruscello secco bloccato da un ingorgo di tronchi.

Slijedio je vuka u suhi potok koji je blokirala drvena barijera.

Messo alle strette, il lupo si voltò e rimase fermo.

Stjeran u kut, vuk se okrenuo i ostao stajati na mjestu.

Il lupo ringhiò e schioccò i denti come un husky intrappolato in una rissa.

Vuk je zarežao i škljocao poput uhvaćenog haskija u borbi.

I denti del lupo schioccarono rapidamente e il suo corpo si irrigidì per la furia selvaggia.

Vučji su zubi brzo škljocali, a tijelo mu je kovitlalo od divljeg bijesa.

Buck non attaccò, ma girò intorno al lupo con attenta cordialità.

Buck nije napao, već je s pažljivom prijateljstvom kružio oko vuka.

Cercò di bloccargli la fuga con movimenti lenti e innocui.

Pokušao je spriječiti svoj bijeg sporim, bezopasnim pokretima.

Il lupo era cauto e spaventato: Buck lo superava di peso tre volte.

Vuk je bio oprezan i uplašen - Buck ga je tri puta nadmašio.

La testa del lupo arrivava a malapena all'altezza della spalla massiccia di Buck.

Vučja glava jedva je dosezala do Buckovog masivnog ramena.

Il lupo, attento a individuare un varco, si lanciò e l'inseguimento ricominciò.

Tražeći prazninu, vuk je pobjegao i potjera je ponovno započela.

Buck lo mise alle strette più volte e la danza si ripeté.

Nekoliko puta ga je Buck stjerao u kut, a ples se ponovio.

Il lupo era magro e debole, altrimenti Buck non avrebbe potuto catturarlo.

Vuk je bio mršav i slab, inače ga Buck ne bi mogao uhvatiti.

Ogni volta che Buck si avvicinava, il lupo si girava di scatto e lo affrontava spaventato.

Svaki put kad bi se Buck približio, vuk bi se okrenuo i u strahu se suočio s njim.

Poi, alla prima occasione, si precipitò di nuovo nel bosco.

Tada je, pri prvoj prilici, ponovno odjurio u šumu.

Ma Buck non si arrese e alla fine il lupo imparò a fidarsi di lui.

Ali Buck nije odustao i vuk mu je konačno počeo vjerovati.

Annusò il naso di Buck e i due diventarono giocosi e attenti.

Ponjušio je Buckov nos, i njih dvojica su postali razigrani i budni.

Giocavano come animali selvaggi, feroci ma timidi nella loro gioia.

Igrali su se poput divljih životinja, žestoki, a opet sramežljivi u svojoj radosti.

Dopo un po' il lupo trotterellò via con calma e decisione.

Nakon nekog vremena, vuk je odšetao s mirnom odlučnošću.

Dimostrò chiaramente a Buck che intendeva essere seguito.

Jasno je pokazao Bucku da ga namjeravaju pratiti.

Correvano fianco a fianco nel buio della sera.

Trčali su jedno pored drugog kroz sumrak.

Seguirono il letto del torrente fino alla gola rocciosa.

Slijedili su korito potoka uzbrdo u stjenoviti klanac.

Attraversarono un freddo spartiacque nel punto in cui aveva avuto origine il fiume.

Prešli su hladnu granicu gdje je potok počeo.

Sul pendio più lontano trovarono un'ampia foresta e molti corsi d'acqua.

Na dalekoj padini pronašli su široku šumu i mnoge potoke.

Corsero per ore senza fermarsi attraverso quella terra immensa.

Kroz ovu prostranu zemlju, trčali su satima bez zaustavljanja.

Il sole saliva sempre più alto, l'aria si faceva calda, ma loro continuavano a correre.

Sunce se podiglo više, zrak se zagrijao, ali oni su trčali dalje.

Buck era pieno di gioia: sapeva di aver risposto alla sua chiamata.

Buck je bio ispunjen radošću - znao je da odgovara na svoj poziv.

Corse accanto al fratello della foresta, più vicino alla fonte della chiamata.

Trčao je uz svog šumskog brata, bliže izvoru poziva.

I vecchi sentimenti ritornano, potenti e difficili da ignorare.

Stari osjećaji su se vratili, snažni i teško ih je bilo ignorirati.

Queste erano le verità nascoste nei ricordi dei suoi sogni.

To su bile istine iza sjećanja iz njegovih snova.

Tutto questo lo aveva già fatto in un mondo lontano e oscuro.

Sve je to već prije radio u dalekom i sjenovitom svijetu.

Questa volta lo fece di nuovo, scatenandosi con il cielo aperto sopra di lui.

Sad je to opet učinio, divljajući pod otvorenim nebom iznad sebe.

Si fermarono presso un ruscello per bere l'acqua fredda che scorreva.

Zaustavili su se kod potoka kako bi se napili hladne tekuće vode.

Mentre beveva, Buck si ricordò improvvisamente di John Thornton.

Dok je pio, Buck se odjednom sjetio Johna Thorntona.

Si sedette in silenzio, lacerato dal sentimento di lealtà e dalla chiamata.

Sjeo je u tišini, rastrgan privlačnošću odanosti i poziva.

Il lupo continuò a trottare, ma tornò indietro per incitare Buck ad andare avanti.

Vuk je nastavio kasati, ali se vratio da potakne Bucka naprijed.

Gli annusò il naso e cercò di convincerlo con gesti gentili.

Šmrknuo je nosom i pokušao ga nagovoriti nježnim gestama.

Ma Buck si voltò e riprese a tornare indietro per la strada da cui era venuto.

Ali Buck se okrenuo i krenuo natrag putem kojim je došao.

Il lupo gli corse accanto per molto tempo, guaindo piano.

Vuk je dugo trčao pokraj njega, tiho cvileći.

Poi si sedette, alzò il naso ed emise un lungo ululato.

Zatim je sjeo, podigao nos i ispustio dugi zavijajući.

Era un grido lugubre, che si addolcì mentre Buck si allontanava.

Bio je to tužan krik, koji se omekšao dok se Buck udaljavao.

Buck ascoltò mentre il suono del grido svaniva lentamente nel silenzio della foresta.

Buck je slušao kako zvuk krika polako nestaje u šumskoj tišini.

John Thornton stava cenando quando Buck irruppe nell'accampamento.

John Thornton je večerao kad je Buck upao u logor.

Buck gli saltò addosso selvaggiamente, leccandolo, mordendolo e facendolo rotolare.

Buck je divlje skočio na njega, ližući ga, grizući i prevrćući.

Lo fece cadere, gli saltò sopra e gli baciò il viso.

Srušio ga je, popeo se na njega i poljubio ga u lice.

Thornton lo definì con affetto "fare il buffone".

Thornton je to s ljubavlju nazvao "igranjem općeg budala".

Nel frattempo, imprecava dolcemente contro Buck e lo scuoteva avanti e indietro.

Cijelo vrijeme je nježno psovao Bucka i tresao ga naprijed-natrag.

Per due interi giorni e due notti, Buck non lasciò l'accampamento nemmeno una volta.

Dva puna dana i noći Buck nijednom nije napustio logor.

Si teneva vicino a Thornton e non lo perdeva mai di vista.

Držao se blizu Thorntona i nikada ga nije ispuštao iz vida.

Lo seguiva mentre lavorava e lo osservava mentre mangiava.

Prati ga dok je radio i promatrao ga dok je jeo.

Di notte vedeva Thornton avvolto nelle sue coperte e ogni mattina lo vedeva uscire.

Di notte vedeva Thornton avvolto nelle sue coperte e ogni mattina lo vedeva uscire.

Pratio je Thorntona u njegovim pokrivačima noću i vani svako jutro.

Ma presto il richiamo della foresta ritornò, più forte che mai.

Ali ubrzo se šumski zov vratio, glasniji nego ikad prije.

Buck si sentì di nuovo irrequieto, agitato dal pensiero del lupo selvatico.

Buck je ponovno postao nemiran, potaknut mislima o divljem vuku.

Ricordava la terra aperta e le corse fianco a fianco.

Sjetio se otvorenog prostora i trčanja rame uz rame.

Ricominciò a vagare nella foresta, solo e vigile.

Ponovno je počeo lutati šumom, sam i budan.

Ma il fratello selvaggio non tornò e l'ululato non fu udito.

Ali divlji brat se nije vratio, a zavijanje se nije čulo.

Buck cominciò a dormire all'aperto, restando lontano anche per giorni interi.

Buck je počeo spavati vani, izostavljajući se danima.

Una volta attraversò l'alto spartiacque dove aveva origine il torrente.

Jednom je prešao visoki prijevoj gdje je potok počinjao.

Entrò nella terra degli alberi scuri e dei grandi corsi d'acqua.

Ušao je u zemlju tamnih šuma i širokih tekućih potoka.

Vagò per una settimana alla ricerca di tracce del fratello selvaggio.

Tjedan dana je lutao, tražeći znakove divljeg brata.

Uccideva la propria carne e viaggiava a passi lunghi e instancabili.

Klao je vlastito meso i putovao dugim, neumornim koracima.

Pescò salmoni in un ampio fiume che arrivava fino al mare.

Lovio je lososa u širokoj rijeci koja je dopirala do mora.

Lì lottò e uccise un orso nero reso pazzo dagli insetti.

Tamo se borio i ubio crnog medvjeda kojeg su izludile kukci.

L'orso stava pescando e corse alla cieca tra gli alberi.

Medvjed je lovio ribu i naslijepo je trčao kroz drveće.

La battaglia fu feroce e risvegliò il profondo spirito combattivo di Buck.

Bitka je bila žestoka, probudivši Buckov duboki borbeni duh.

Due giorni dopo, Buck tornò e trovò dei ghiottoni nei pressi della sua preda.

Dva dana kasnije, Buck se vratio i pronašao žderave kod svog plijena.

Una dozzina di loro litigarono furiosamente e rumorosamente per la carne.

Njih dvanaest se bučno i bijesno svađalo oko mesa.

Buck caricò e li disperse come foglie al vento.

Buck je jurnuo i raspršio ih poput lišća na vjetru.

Due lupi rimasero indietro: silenziosi, senza vita e immobili per sempre.

Dva vuka su ostala iza - tiha, beživotna i nepomična zauvijek.

La sete di sangue divenne più forte che mai.

Žeđ za krvlju postala je jača nego ikad.

Buck era un cacciatore, un assassino, che si nutriva di creature viventi.

Buck je bio lovac, ubojica, hranio se živim bićima.

Sopravvisse da solo, affidandosi alla sua forza e ai suoi sensi acuti.

Preživio je sam, oslanjajući se na svoju snagu i oštra osjetila.

Prosperava nella natura selvaggia, dove solo i più forti potevano sopravvivere.

Napredovao je u divljini, gdje su mogli živjeti samo najjačiji.

Da ciò nacque un grande orgoglio che riempì tutto l'essere di Buck.

Iz toga se pojavio veliki ponos i ispunio cijelo Buckovo biće.

Il suo orgoglio traspariva da ogni passo, dal fremito di ogni muscolo.

Njegov ponos se očitovao u svakom koraku, u podrhtavanju svakog mišića.

Il suo orgoglio era evidente, come si vedeva dal suo comportamento.

Njegov ponos bio je jasan kao riječ, što se vidjelo u načinu na koji se držao.

Persino il suo spesso mantello appariva più maestoso e splendeva di più.

Čak je i njegov debeli kaput izgledao veličanstvenije i jače se sjajio.

Buck avrebbe potuto essere scambiato per un lupo grigio gigante.

Bucka su mogli zamijeniti za divovskog šumskog vuka.

A parte il marrone sul muso e le macchie sopra gli occhi.

Osim smeđe boje na njušci i pjega iznad očiju.

E la striscia bianca di pelo che gli correva lungo il centro del petto.

I bijeli prug krzna koji mu se protezao niz sredinu prsa.

Era addirittura più grande del più grande lupo di quella feroce razza.

Bio je čak i veći od najvećeg vuka te divlje pasmine.

Suo padre, un San Bernardo, gli ha trasmesso la stazza e la corporatura robusta.

Njegov otac, bernardinac, dao mu je veličinu i krupnu građu.

Sua madre, una pastorella, plasmò quella mole conferendole la forma di un lupo.

Njegova majka, pastirica, oblikovala je tu masu u vučji oblik.

Aveva il muso lungo di un lupo, anche se più pesante e largo.

Imao je dugu vučju njušku, iako težu i širu.

La sua testa era quella di un lupo, ma di dimensioni enormi e maestose.

Glava mu je bila vučja, ali građena na masivnim, veličanstvenim razmjerima.

L'astuzia di Buck era l'astuzia del lupo e della natura selvaggia.

Buckova lukavost bila je lukavost vuka i divljine.

La sua intelligenza gli venne sia dal Pastore Tedesco che dal San Bernardo.

Njegova inteligencija dolazila je i od njemačkog ovčara i od bernardinca.

Tutto ciò, unito alla dura esperienza, lo rese una creatura temibile.

Sve to, uz teško iskustvo, učinilo ga je zastrašujućim stvorenjem.

Era formidabile quanto qualsiasi animale che vagasse nelle terre selvagge del nord.

Bio je jednako zastrašujući kao i svaka zvijer koja je lutala sjevernom divljinom.

Nutrendosi solo di carne, Buck raggiunse l'apice della sua forza.

Živeći samo na mesu, Buck je dosegao puni vrhunac svoje snage.

Trasudava potenza e forza maschile in ogni fibra del suo corpo.

Preplavio je moć i mušku snagu u svakom vlaknu svog tijela.

Quando Thornton gli accarezzò la schiena, i peli brillarono di energia.

Kad ga je Thornton pogladila po leđima, dlake su zaiskrile od energije.

Ogni capello scricchiolava, carico del tocco di un magnetismo vivente.

Svaka je dlaka pucketala, nabijena dodirom živog magnetizma.

Il suo corpo e il suo cervello erano sintonizzati sulla tonalità più fine possibile.

Njegovo tijelo i mozak bili su podešeni na najfiniju moguću frekvenciju.

Ogni nervo, ogni fibra e ogni muscolo lavoravano in perfetta armonia.

Svaki živac, vlakno i mišić radili su u savršenom skladu.

A qualsiasi suono o visione che richiedesse un intervento, rispondeva immediatamente.

Na bilo koji zvuk ili prizor koji je zahtijevao djelovanje, reagirao je trenutačno.

Se un husky saltava per attaccare, Buck poteva saltare due volte più velocemente.

Ako bi haski skočio u napad, Buck bi mogao skočiti dvostruko brže.

Reagì più rapidamente di quanto gli altri potessero vedere o sentire.

Reagirao je brže nego što su drugi mogli vidjeti ili čuti.

Percezione, decisione e azione avvennero tutte in un unico, fluido istante.

Percepcija, odluka i djelovanje došli su u jednom fluidnom trenutku.

In realtà si tratta di atti separati, ma troppo rapidi per essere notati.

U istini, ta su djela bila odvojena, ali prebrza da bi se primijetila.

Gli intervalli tra questi atti erano così brevi che sembravano uno solo.

Razmaci između tih činova bili su toliko kratki da su se činili kao jedno.

I suoi muscoli e il suo essere erano come molle strettamente avvolte.

Njegovi mišići i tijelo bili su poput čvrsto napetih opruga.

Il suo corpo traboccava di vita, selvaggia e gioiosa nella sua potenza.

Tijelo mu je preplavljeno životom, divlje i radosno u svojoj snazi.

A volte aveva la sensazione che la forza stesse per esplodere completamente dentro di lui.

Ponekad se osjećao kao da će sila potpuno izbiti iz njega.

"Non c'è mai stato un cane simile", disse Thornton un giorno tranquillo.

„Nikad nije bilo takvog psa", rekao je Thornton jednog mirnog dana.

I soci osservarono Buck uscire fiero dall'accampamento.

Partneri su gledali kako Buck ponosno korača iz logora.

"Quando è stato creato, ha cambiato il modo in cui un cane può essere", ha detto Pete.

„Kad je stvoren, promijenio je ono što pas može biti", rekao je Pete.

"Per Dio! Lo penso anch'io", concordò subito Hans.

„Bože! I ja tako mislim", brzo se složio Hans.

Lo videro allontanarsi, ma non il cambiamento che avvenne dopo.

Vidjeli su ga kako odlazi, ali ne i promjenu koja je uslijedila nakon toga.

Non appena entrò nel bosco, Buck si trasformò completamente.

Čim je ušao u šumu, Buck se potpuno preobrazio.

Non marciava più, ma si muoveva come uno spettro selvaggio tra gli alberi.

Više nije marširao, već se kretao poput divljeg duha među drvećem.

Divenne silenzioso, come un gatto, un bagliore che attraversava le ombre.

Postao je tih, mačjih stopala, poput bljeska koji prolazi kroz sjene.

Usava la copertura con abilità, strisciando sulla pancia come un serpente.

Vješto se skrivao, puzeći na trbuhu poput zmije.

E come un serpente, sapeva balzare in avanti e colpire in silenzio.

I poput zmije, mogao je skočiti naprijed i udariti u tišini.

Potrebbe rubare una pernice bianca direttamente dal suo nido nascosto.

Mogao je ukrasti kokošku ravno iz njenog skrivenog gnijezda.

Uccideva i conigli addormentati senza emettere alcun suono.

Ubijao je usnule zečeve bez ijednog glasa.

Riusciva a catturare gli scoiattoli a mezz'aria anche se fuggivano troppo lentamente.

Mogao je uhvatiti vjeverice u zraku dok su bježale prespora.

Nemmeno i pesci nelle pozze riuscivano a sfuggire ai suoi attacchi improvvisi.

Čak ni ribe u bazenima nisu mogle izbjeći njegove iznenadne napade.

Nemmeno i furbi castori impegnati a riparare le dighe erano al sicuro da lui.

Čak ni pametni dabrovi koji su popravljali brane nisu bili sigurni od njega.

Uccideva per nutrirsi, non per divertirsi, ma preferiva uccidere le proprie vittime.

Ubijao je za hranu, ne za zabavu - ali najviše je volio vlastite ubojstva.

Eppure, un umorismo subdolo permeava alcune delle sue cacce silenziose.

Ipak, lukavi humor provlačio se kroz neke od njegovih tihih lova.

Si avvicinò furtivamente agli scoiattoli, solo per lasciarli scappare.

Prišuljao se blizu vjeverica, samo da bi ih pustio da pobjegnu.

Stavano per fuggire tra gli alberi, chiacchierando con rabbia e paura.

Htjeli su pobjeći u drveće, brbljajući od straha i bijesa.

Con l'arrivo dell'autunno, le alci cominciarono ad apparire in numero maggiore.

Kako je došla jesen, losovi su se počeli pojavljivati u većem broju.

Si spostarono lentamente verso le basse valli per affrontare l'inverno.

Polako su se kretali u niske doline kako bi dočekali zimu.

Buck aveva già abbattuto un giovane vitello randagio.

Buck je već oborio jedno mlado, zalutalo tele.

Ma lui desiderava ardentemente affrontare prede più grandi e pericolose.

Ali žudio je suočiti se s većim, opasnijim plijenom.

Un giorno, sul crinale, alla sorgente del torrente, trovò la sua occasione.

Jednog dana na razvodju, na izvoru potoka, pronašao je svoju priliku.

Una mandria di venti alci era giunta da terre boscose.

Krdo od dvadeset losova prešlo je iz šumovitog područja.

Tra loro c'era un possente toro, il capo del gruppo.

Među njima je bio moćni bik; vođa skupine.

Il toro era alto più di due metri e mezzo e appariva feroce e selvaggio.

Bik je bio visok preko šest stopa i izgledao je divlje i žestoko.

Lanciò le sue grandi corna, le cui quattordici punte si diramavano verso l'esterno.

Zamahnuo je svojim širokim rogovima, od kojih se četrnaest vrhova granalo prema van.

Le punte di quelle corna si estendevano per due metri.

Vrhovi tih rogova protezali su se dva metra u širinu.

I suoi piccoli occhi ardevano di rabbia quando vide Buck lì vicino.

Njegove male oči gorjele su od bijesa kad je ugledao Bucka u blizini.

Emise un ruggito furioso, tremando di rabbia e dolore.

Ispustio je bijesan urlik, drhteći od bijesa i boli.

Vicino al suo fianco spuntava la punta di una freccia, appuntita e piumata.

Vrh strijele stršio je blizu njegovog boka, pernat i oštar.

Questa ferita contribuì a spiegare il suo umore selvaggio e amareggiato.

Ova rana pomogla je objasniti njegovo divlje, ogorčeno raspoloženje.

Buck, guidato dall'antico istinto di caccia, fece la sua mossa.

Buck, vođen drevnim lovačkim instinktom, napravio je svoj potez.

Il suo obiettivo era separare il toro dal resto della mandria.

Cilj mu je bio odvojiti bika od ostatka krda.

Non era un compito facile: richiedeva velocità e una grande astuzia.

To nije bio lak zadatak - zahtijevala je brzinu i žestoku lukavost.

Abbaiava e danzava vicino al toro, appena fuori dalla sua portata.

Lajao je i plesao blizu bika, taman izvan dometa.

L'alce si lanciò con enormi zoccoli e corna mortali.

Los se nasrnuo s ogromnim kopitima i smrtonosnim rogovima.

Un colpo avrebbe potuto porre fine alla vita di Buck in un batter d'occhio.

Jedan udarac mogao je Bucku oduzeti život u trenutku.

Incapace di abbandonare la minaccia, il toro si infuriò.

Ne mogavši ostaviti prijetnju iza sebe, bik je poludio.

Lui caricava con furia, ma Buck riusciva sempre a sfuggirgli.

Bijesno je jurnuo, ali Buck se uvijek izvukao.

Buck finse di essere debole, allontanandosi ulteriormente dalla mandria.

Buck je glumio slabost, mameći ga dalje od krda.

Ma i giovani tori sarebbero tornati alla carica per proteggere il capo.

Ali mladi bikovi su se namjeravali vratiti u napad kako bi zaštitili vođu.

Costrinsero Buck a ritirarsi e il toro a ricongiungersi al gruppo.

Prisilili su Bucka na povlačenje, a bika da se ponovno pridruži skupini.

C'è una pazienza nella natura selvaggia, profonda e inarrestabile.

U divljini postoji strpljenje, duboko i nezaustavljivo.

Un ragno resta immobile nella sua tela per innumerevoli ore.

Pauk nepomično čeka u svojoj mreži bezbroj sati.

Un serpente si avvolge su se stesso senza contrarsi e aspetta il momento giusto.

Zmija se svija bez trzanja i čeka da dođe vrijeme.

Una pantera è in agguato, finché non arriva il momento.

Pantera vreba u zasjedi dok ne dođe pravi trenutak.

Questa è la pazienza dei predatori che cacciano per sopravvivere.

To je strpljenje grabežljivaca koji love kako bi preživjeli.

La stessa pazienza ardeva dentro Buck mentre gli restava accanto.

Isto to strpljenje gorjelo je u Bucku dok je ostao blizu.

Rimase vicino alla mandria, rallentandone la marcia e incutendo timore.

Ostao je blizu krda, usporavajući njegov marš i izazivajući strah.

Provocava i giovani tori e molestava le mucche madri.

Zadirkivao je mlade bikove i maltretirao majke krave.

Spinse il toro ferito in una rabbia ancora più profonda e impotente.

Ranjenog je bika doveo do još dubljeg, bespomoćnog bijesa.

Per mezza giornata il combattimento si trascinò senza alcuna tregua.

Pola dana se borba odužila bez ikakvog odmora.

Buck attaccò da ogni angolazione, veloce e feroce come il vento.

Buck je napadao iz svih kutova, brz i žestok poput vjetra.

Impedì al toro di riposare o di nascondersi con la mandria.

Sprječavao je bika da se odmori ili sakrije sa svojim krdom.

Buck logorò la volontà dell'alce più velocemente del suo corpo.

Buck je brže iscrpljivao losovu volju nego njegovo tijelo.

Il giorno passò e il sole tramontò basso nel cielo a nord-ovest.

Dan je prošao i sunce je nisko zašlo na sjeverozapadnom nebu.

I giovani tori tornarono più lentamente per aiutare il loro capo.

Mladi bikovi su se sporije vraćali kako bi pomogli svom vođi.

Erano tornate le notti autunnali e il buio durava ormai sei ore.

Jesenske noći su se vratile, a mrak je sada trajao šest sati.

L'inverno li spingeva verso valli più sicure e calde.

Zima ih je pritiskala nizbrdo u sigurnije, toplije doline.

Ma non riuscirono comunque a sfuggire al cacciatore che li tratteneva.

Ali ipak nisu mogli pobjeći od lovca koji ih je zadržavao.

Era in gioco solo una vita: non quella del branco, ma quella del loro capo.

Samo je jedan život bio u pitanju - ne život krda, već samo život njihovog vođe.

Ciò rendeva la minaccia lontana e non una loro preoccupazione urgente.

To je prijetnju učinilo udaljenom i ne njihovom hitnom brigom.

Col tempo accettarono questo prezzo e lasciarono che Buck prendesse il vecchio toro.

S vremenom su prihvatili tu cijenu i pustili Bucka da uzme starog bika.

Mentre calava il crepuscolo, il vecchio toro rimase in piedi con la testa bassa.

Dok se spuštao sumrak, stari bik je stajao oborene glave.

Guardò la mandria che aveva guidato svanire nella luce morente.

Gledao je kako krdo koje je predvodio nestaje u sve slabijem svjetlu.

C'erano mucche che aveva conosciuto, vitelli che un tempo aveva generato.

Bilo je krava koje je poznavao, teladi čiji je nekoć bio otac.

C'erano tori più giovani con cui aveva combattuto e che aveva dominato nelle stagioni passate.

Bilo je mlađih bikova s kojima se borio i vladao u prošlim sezonama.

Non poteva seguirli, perché davanti a lui era di nuovo accovacciato Buck.

Nije ih mogao slijediti - jer je pred njim opet čučao Buck.

Il terrore spietato e zannuto gli bloccava ogni via che potesse percorrere.

Nemilosrdni očnjaci blokirali su mu svaki put kojim bi krenuo.

Il toro pesava più di trecento chili di potenza densa.

Bik je težio više od tri stotine kilograma guste snage.

Aveva vissuto a lungo e lottato duramente in un mondo di difficoltà.

Dugo je živio i teško se borio u svijetu punom borbi.

Eppure, alla fine, la morte gli venne commessa da una bestia molto più bassa di lui.

Pa ipak, sada, na kraju, smrt je došla od zvijeri daleko ispod njega.

La testa di Buck non arrivò nemmeno alle enormi ginocchia noccate del toro.

Buckova glava nije se ni podigla do bikovih ogromnih zglobljenih koljena.

Da quel momento in poi, Buck rimase con il toro notte e giorno.

Od tog trenutka nadalje, Buck je ostao s bikom danju i noću.

Non gli dava mai tregua, non gli permetteva mai di brucare o bere.

Nikad mu nije dao odmora, nikada mu nije dopustio da pase ili pije.

Il toro cercò di mangiare giovani germogli di betulla e foglie di salice.

Bik je pokušao jesti mlade izdanke breze i lišće vrbe.

Ma Buck lo scacciò, sempre all'erta e sempre all'attacco.

Ali Buck ga je otjerao, uvijek na oprezu i uvijek napadajući.

Anche nei torrenti che scorrevano, Buck bloccava ogni assetato tentativo.

Čak i kod mračnih potoka, Buck je blokirao svaki žedni pokušaj.

A volte, in preda alla disperazione, il toro fuggiva a tutta velocità.

Ponekad bik, u očaju, bježao punom brzinom.

Buck lo lasciò correre, avanzando tranquillamente dietro di lui, senza mai allontanarsi troppo.

Buck ga je pustio da trči, mirno trčeći odmah iza njega, nikad daleko.

Quando l'alce si fermò, Buck si sdraiò, ma rimase pronto.

Kad se los zaustavio, Buck je legao, ali je ostao spreman.

Se il toro provava a mangiare o a bere, Buck colpiva con tutta la sua furia.

Ako bik pokušao jesti ili piti, Buck bi udario punom bijesom.

La grande testa del toro si abbassava sotto le enormi corna.

Bikova velika glava klonula je još niže pod njegovim ogromnim rogovima.

Il suo passo rallentò, il trotto divenne pesante, un'andatura barcollante.

Njegov se tempo usporio, kas je postao težak; spoticajući se hod.

Spesso restava immobile con le orecchie abbassate e il naso rivolto verso il terreno.

Često je stajao mirno s obješenim ušima i nosom prislonjenim na tlo.

In quei momenti Buck si prese del tempo per bere e riposare.
Tijekom tih trenutaka, Buck je odvojio vrijeme za piće i odmor.
Con la lingua fuori e gli occhi fissi, Buck sentì che la terra stava cambiando.
S isplaženim jezikom, uprtim pogledom, Buck je osjetio da se krajolik mijenja.
Sentì qualcosa di nuovo muoversi nella foresta e nel cielo.
Osjetio je nešto novo kako se kreće kroz šumu i nebo.
Con il ritorno delle alci tornarono anche altre creature selvatiche.
Kako su se losovi vraćali, tako su se vraćala i druga divlja stvorenja.
La terra sembrava viva di una presenza invisibile ma fortemente nota.
Zemlja se činila živom od prisutnosti, nevidljivom, ali snažno poznatom.
Buck non lo sapeva tramite l'udito, la vista o l'olfatto.
Buck to nije znao ni po zvuku, ni po vidu, ni po mirisu.
Un sentimento più profondo gli diceva che nuove forze erano in movimento.
Dublji osjećaj govorio mu je da se kreću nove snage.
Una strana vita si agitava nei boschi e lungo i corsi d'acqua.
Čudan život se kovitlao kroz šume i uz potoke.
Decise di esplorare questo spirito una volta completata la caccia.
Odlučio je istražiti ovog duha nakon što lov bude završen.
Il quarto giorno, Buck riuscì finalmente a catturare l'alce.
Četvrtog dana, Buck je napokon oborio losa.
Rimase nei pressi della preda per un giorno e una notte interi, nutrendosi e riposandosi.
Ostao je kraj plijena cijeli dan i noć, hraneći se i odmarajući.
Mangiò, poi dormì, poi mangiò ancora, finché non fu forte e sazio.
Jeo je, pa spavao, pa opet jeo, dok nije bio snažan i sit.
Quando fu pronto, tornò indietro verso l'accampamento e Thornton.

Kad je bio spreman, okrenuo se natrag prema logoru i Thorntonu.

Con passo costante iniziò il lungo viaggio di ritorno verso casa.

Ujednačenim tempom započeo je dugo putovanje natrag kući.

Correva con la sua andatura instancabile, ora dopo ora, senza mai smarrirsi.

Trčao je svojim neumornim trkom, sat za satom, nijednom ne skrećući s puta.

Attraverso terre sconosciute, si muoveva dritto come l'ago di una bussola.

Kroz nepoznate krajeve kretao se ravno poput igle kompasa.

Il suo senso dell'orientamento faceva sembrare deboli, al confronto, l'uomo e la mappa.

Njegov osjećaj za orijentaciju činio je čovjeka i kartu slabima u usporedbi.

Mentre Buck correva, sentiva sempre più forte l'agitazione nella terra selvaggia.

Dok je Buck trčao, sve je jače osjećao komešanje u divljini.

Era un nuovo tipo di vita, diverso da quello dei tranquilli mesi estivi.

Bio je to novi život, za razliku od onog tijekom mirnih ljetnih mjeseci.

Questa sensazione non giungeva più come un messaggio sottile o distante.

Taj osjećaj više nije dolazio kao suptilna ili daleka poruka.

Ora gli uccelli parlavano di questa vita e gli scoiattoli chiacchieravano.

Sada su ptice pričale o tom životu, a vjeverice su brbljale o njemu.

Persino la brezza sussurrava avvertimenti tra gli alberi silenziosi.

Čak je i povjetarac šaputao upozorenja kroz tiho drveće.

Più volte si fermò ad annusare l'aria fresca del mattino.

Nekoliko puta je stao i udahnuo svježi jutarnji zrak.

Lì lesse un messaggio che lo fece fare un balzo in avanti più velocemente.

Tamo je pročitao poruku koja ga je natjerala da brže skoči naprijed.

Fu pervaso da un forte senso di pericolo, come se qualcosa fosse andato storto.

Ispunio ga je težak osjećaj opasnosti, kao da je nešto pošlo po zlu.

Temeva che la calamità stesse per arrivare, o che fosse già arrivata.

Bojao se da dolazi nesreća - ili je već došla.

Superò l'ultima cresta ed entrò nella valle sottostante.

Prešao je posljednji greben i ušao u dolinu ispod.

Si muoveva più lentamente, attento e cauto a ogni passo.

Kretao se sporije, budan i oprezan sa svakim korakom.

Dopo tre miglia trovò una pista fresca che lo fece irrigidire.

Tri milje dalje pronašao je svjež trag koji ga je ukočio.

I peli sul collo si rizzarono e si rizzarono in segno di allarme.

Kosa uz njegov vrat nakostriješila se i zakotrljala od uzbune.

Il sentiero portava dritto all'accampamento dove Thornton aspettava.

Staza je vodila ravno prema logoru gdje je čekao Thornton.

Buck ora si muoveva più velocemente, con passi silenziosi e rapidi.

Buck se sada kretao brže, njegov korak je bio i tih i brz.

I suoi nervi si irrigidirono mentre leggeva segnali che altri non avrebbero notato.

Živci su mu se stegli dok je čitao znakove koje će drugi propustiti.

Ogni dettaglio del percorso raccontava una storia, tranne l'ultimo pezzo.

Svaki detalj na stazi pričao je priču - osim posljednjeg dijela.

Il suo naso gli raccontò della vita che aveva trascorso lì.

Nos mu je pričao o životu koji je ovuda prošao.

L'odore gli fornì un'immagine mutevole mentre lo seguiva da vicino.

Miris mu je davao promjenjivu sliku dok je slijedio u stopu.

Ma la foresta stessa era diventata silenziosa, innaturalmente immobile.

Ali sama šuma je utihnula; neprirodno mirna.

Gli uccelli erano scomparsi, gli scoiattoli erano nascosti, silenziosi e immobili.

Ptice su nestale, vjeverice su bile skrivene, tihe i mirne.

Vide solo uno scoiattolo grigio, sdraiato su un albero morto.

Vidio je samo jednu sivu vjevericu, spljoštenu na mrtvom drvetu.

Lo scoiattolo si mimetizzava, rigido e immobile come una parte della foresta.

Vjeverica se stopila s okolinom, ukočena i nepomična poput dijela šume.

Buck si muoveva come un'ombra, silenzioso e sicuro tra gli alberi.

Buck se kretao poput sjene, tiho i sigurno kroz drveće.

Il suo naso si mosse di lato come se fosse stato tirato da una mano invisibile.

Nos mu se trznuo u stranu kao da ga je povukla nevidljiva ruka.

Si voltò e seguì il nuovo odore nel profondo di un boschetto.

Okrenuo se i slijedio novi miris duboko u šikaru.

Lì trovò Nig, steso morto, trafitto da una freccia.

Tamo je pronašao Niga, kako leži mrtav, proboden strijelom.

La freccia gli attraversò il corpo, lasciando ancora visibili le piume.

Strijela je prošla kroz njegovo tijelo, perje se još vidjelo.

Nig si era trascinato fin lì, ma era morto prima di riuscire a raggiungere i soccorsi.

Nig se dovukao tamo, ali je umro prije nego što je stigao do pomoći.

Cento metri più avanti, Buck trovò un altro cane da slitta.

Stotinjak metara dalje, Buck je pronašao još jednog psa za vuču saonica.

Era un cane che Thornton aveva comprato a Dawson City.

Bio je to pas kojeg je Thornton kupio još u Dawson Cityju.

Il cane lottava con tutte le sue forze, dimenandosi violentemente sul sentiero.

Pas se borio na smrt, snažno se bacajući po stazi.

Buck gli passò accanto senza fermarsi, con gli occhi fissi davanti a sé.

Buck ga je prošao, ne zaustavljajući se, s pogledom uprtim ispred sebe.

Dalla direzione dell'accampamento proveniva un canto lontano e ritmico.

Iz smjera logora dopiralo je udaljeno, ritmično pjevanje.

Le voci si alzavano e si abbassavano con un tono strano, inquietante, cantilenante.

Glasovi su se dizali i spuštali u čudnom, jezivom, pjevušavom tonu.

Buck strisciò in silenzio fino al limite della radura.

Buck je u tišini puzao naprijed do ruba čistine.

Lì vide Hans disteso a faccia in giù, trafitto da numerose frecce.

Tamo je ugledao Hansa kako leži licem prema dolje, proboden mnogim strijelama.

Il suo corpo sembrava quello di un porcospino, irto di penne.

Tijelo mu je izgledalo poput dikobraza, prekriveno pernatim strijelama.

Nello stesso momento, Buck guardò verso la capanna in rovina.

U istom trenutku, Buck je pogledao prema srušenoj kolibi.

Quella vista gli fece rizzare i capelli sul collo e sulle spalle.

Od tog prizora kosa mu se nakostriješila na vratu i ramenima.

Un'ondata di rabbia selvaggia travolse tutto il corpo di Buck.

Oluja divljeg bijesa prostrujala je cijelim Buckovim tijelom.

Ringhiò forte, anche se non ne era consapevole.

Glasno je zarežao, iako nije znao da je to učinio.

Il suono era crudo, pieno di una furia terrificante e selvaggia.

Zvuk je bio sirov, ispunjen zastrašujućim, divljim bijesom.

Per l'ultima volta nella sua vita, Buck perse la ragione a causa delle emozioni.

Posljednji put u životu, Buck je izgubio razum za emocije.

Fu l'amore per John Thornton a spezzare il suo attento controllo.

Ljubav prema Johnu Thorntonu slomila je njegovu pažljivu samokontrolu.

Gli Yeehats ballavano attorno alla baita in legno di abete rosso distrutta.

Yeehatsi su plesali oko srušene smrekove kolibe.

Poi si udì un ruggito e una bestia sconosciuta si lanciò verso di loro.

Zatim se začula rika - i nepoznata zvijer jurnula je prema njima.

Era Buck: una furia in movimento, una tempesta vivente di vendetta.

Bio je to Buck; bijes u pokretu; živa oluja osvete.

Si gettò in mezzo a loro, folle di voglia di uccidere.

Bacio se među njih, lud od potrebe da ubije.

Si lanciò contro il primo uomo, il capo Yeehat, e colpì nel segno.

Skočio je na prvog čovjeka, poglavicu Yeehata, i pogodio je u pravu točku.

La sua gola era squarciata e il sangue schizzava a fiotti.

Grlo mu je bilo rasporeno, a krv je šikljala u mlazu.

Buck non si fermò, ma con un balzo squarciò la gola dell'uomo successivo.

Buck se nije zaustavio, već je jednim skokom prerezao grkljan sljedećem čovjeku.

Era inarrestabile: squarciava, tagliava, non si fermava mai a riposare.

Bio je nezaustavljiv - kidao je, sjekao, nikad se nije zaustavljao da se odmori.

Si lanciò e balzò così velocemente che le loro frecce non riuscirono a toccarlo.

Skočio je i trzao tako brzo da ga njihove strijele nisu mogle dotaknuti.

Gli Yeehats erano in preda al panico e alla confusione.

Yeehati su bili uhvaćeni u vlastitoj panici i zbunjenosti.

Le loro frecce non colpirono Buck e si colpirono tra loro.

Njihove su strijele promašile Bucka i umjesto toga pogodile jedna drugu.

Un giovane scagliò una lancia contro Buck e colpì un altro uomo.

Jedan mladić bacio je koplje na Bucka i pogodio drugog čovjeka.

La lancia gli trapassò il petto e la punta gli trafisse la schiena.

Koplje mu je probilo prsa, a vrh mu je probio leđa.

Il terrore travolse gli Yeehats, che si diedero alla ritirata.

Teror je obuzeo Yeehatse i oni su se počeli potpuno povlačiti.

Urlarono allo Spirito Maligno e fuggirono nelle ombre della foresta.

Vrištali su od Zlog Duha i pobjegli u šumske sjene.

Buck era davvero come un demone mentre inseguiva gli Yeehats.

Uistinu, Buck je bio poput demona dok je progonio Yeehatse.

Li inseguì attraverso la foresta, abbattendoli come cervi.

Jurnuo je za njima kroz šumu, obarajući ih poput jelena.

Divenne un giorno di destino e terrore per gli spaventati Yeehats.

To je postao dan sudbine i terora za prestrašene Yeehate.

Si dispersero sul territorio, fuggendo in ogni direzione.

Razbježali su se po zemlji, bježeći daleko u svim smjerovima.

Passò un'intera settimana prima che gli ultimi sopravvissuti si incontrassero in una valle.

Prošao je cijeli tjedan prije nego što su se posljednji preživjeli sreli u dolini.

Solo allora contarono le perdite e raccontarono quanto accaduto.

Tek tada su prebrojali svoje gubitke i govorili o tome što se dogodilo.

Buck, stanco dell'inseguimento, ritornò all'accampamento in rovina.

Buck se, nakon što se umorio od potjere, vratio u razoreni logor.

Trovò Pete, ancora avvolto nelle coperte, ucciso nel primo attacco.

Pronašao je Petea, još uvijek u pokrivačima, ubijenog u prvom napadu.

I segni dell'ultima lotta di Thornton erano visibili nella terra lì vicino.

Znakovi Thorntonove posljednje borbe bili su vidljivi u obližnjoj zemlji.

Buck seguì ogni traccia, annusando ogni segno fino al punto finale.

Buck je pratio svaki trag, njuškajući svaki znak do konačne točke.

Sul bordo di una profonda pozza trovò il fedele Skeet, immobile.

Na rubu dubokog bazena pronašao je vjernog Skeeta kako mirno leži.

La testa e le zampe anteriori di Skeet erano nell'acqua, immobili nella morte.

Skeetova glava i prednje šape bile su u vodi, nepomične u smrti.

La piscina era fangosa e contaminata dai liquidi di scarico delle chiuse.

Bazen je bio blatnjav i zaprljan otpadnim vodama iz odvodnih kutija.

La sua superficie torbida nascondeva ciò che si trovava sotto, ma Buck conosceva la verità.

Njegova oblačna površina skrivala je ono što se krije ispod, ali Buck je znao istinu.

Seguì l'odore di Thornton nella piscina, ma non lo portò da nessun'altra parte.

Pratio je Thorntonov miris u bazen - ali miris ga nije vodio nikamo drugdje.

Non c'era alcun odore che provenisse, solo il silenzio dell'acqua profonda.

Nije se širio nikakav miris - samo tišina duboke vode.

Buck rimase tutto il giorno vicino alla piscina, camminando avanti e indietro per l'accampamento, addolorato.

Cijeli dan Buck je ostao blizu bazena, tužno koračajući po logoru.

Vagava irrequieto o sedeva immobile, immerso nei suoi pensieri.

Nemirno je lutao ili sjedio u tišini, izgubljen u teškim mislima.

Conosceva la morte, la fine della vita, la scomparsa di ogni movimento.

Poznavao je smrt; kraj života; nestanak svakog kretanja.

Capì che John Thornton se n'era andato e non sarebbe mai più tornato.

Shvatio je da je John Thornton otišao i da se nikada neće vratiti.

La perdita lasciò in lui un vuoto che pulsava come la fame.

Gubitak je u njemu ostavio prazninu koja je pulsirala poput gladi.

Ma questa era una fame che il cibo non riusciva a placare, non importava quanto ne mangiasse.

Ali to je bila glad koju hrana nije mogla utažiti, bez obzira koliko je jeo.

A volte, mentre guardava i cadaveri di Yeehats, il dolore si attenuava.

Ponekad, dok je gledao mrtve Yeehate, bol bi izblijedjela.

E poi dentro di lui nacque uno strano orgoglio, feroce e totale.

A onda se u njemu pojavio čudan ponos, žestok i potpun.

Aveva ucciso l'uomo, la preda più alta e pericolosa di tutte.

Ubio je čovjeka, što je bila najviša i najopasnija divljač od svih.

Aveva ucciso in violazione dell'antica legge del bastone e della zanna.

Ubio je prkoseći drevnom zakonu toljage i očnjaka.

Buck annusò i loro corpi senza vita, curioso e pensieroso.

Buck je znatiželjno i zamišljeno njušio njihova beživotna tijela.

Erano morti così facilmente, molto più facilmente di un husky in combattimento.

Umrli su tako lako - puno lakše nego haski u borbi.

Senza le armi non avrebbero avuto vera forza né avrebbero rappresentato una minaccia.

Bez oružja, nisu imali istinsku snagu ni prijetnju.

Buck non avrebbe più avuto paura di loro, a meno che non fossero stati armati.

Buck ih se više nikada neće bojati, osim ako ne budu naoružani.

Stava attento solo quando portavano clave, lance o frecce.

Samo kad bi nosili toljage, koplja ili strijele, bio bi oprezan.

Calò la notte e la luna piena spuntò alta sopra le cime degli alberi.

Pala je noć, a pun mjesec se uzdigao visoko iznad vrhova drveća.

La pallida luce della luna avvolgeva la terra in un tenue e spettrale chiarore, come se fosse giorno.

Blijeda mjesečeva svjetlost obasjavala je zemlju blagim, sablasnim sjajem poput dana.

Mentre la notte avanzava, Buck continuava a piangere presso la pozza silenziosa.

Dok je noć postajala sve dublja, Buck je i dalje tugovao uz tihi bazen.

Poi si accorse di un diverso movimento nella foresta.

Tada je postao svjestan drugačijeg komešanja u šumi.

L'agitazione non proveniva dagli Yeehats, ma da qualcosa di più antico e profondo.

Uzbuđenje nije dolazilo od Yeehatsa, već od nečeg starijeg i dubljeg.

Si alzò in piedi, drizzò le orecchie e tastò con attenzione la brezza con il naso.

Ustao je, podigao uši, pažljivo provjeravajući povjetarac nosom.

Da lontano giunse un debole e acuto grido che squarciò il silenzio.

Iz daljine se začuo slab, oštar krik koji je probio tišinu.

Poi un coro di grida simili seguì subito dopo il primo.

Zatim se odmah iza prvog začuo zbor sličnih krikova.

Il suono si avvicinava sempre di più, diventando sempre più forte con il passare dei minuti.

Zvuk se približavao, postajao je sve glasniji sa svakim trenutkom.

Buck conosceva quel grido: proveniva da quell'altro mondo nella sua memoria.

Buck je poznavao ovaj krik - dolazio je iz onog drugog svijeta u njegovom sjećanju.

Si recò al centro dello spazio aperto e ascoltò attentamente.

Hodao je do središta otvorenog prostora i pažljivo slušao.

L'appello risuonò più forte che mai, più sentito e più potente che mai.

Poziv se začuo, mnogoglasan i snažniji nego ikad.

E ora, più che mai, Buck era pronto a rispondere alla sua chiamata.

I sada, više nego ikad prije, Buck je bio spreman odazvati se svom pozivu.

John Thornton era morto e in lui non era rimasto alcun legame con l'uomo.

John Thornton je bio mrtav i u njemu nije ostala nikakva veza s čovjekom.

L'uomo e tutte le pretese umane erano svaniti: era finalmente libero.

Čovjek i svi ljudski zahtjevi su nestali - napokon je bio slobodan.

Il branco di lupi era a caccia di carne, proprio come un tempo avevano fatto gli Yeehats.

Čopor vukova je jurio meso kao što su to nekad činili Yeehatsi.

Avevano seguito le alci mentre scendevano dalle terre boscose.

Pratili su losove iz šumovitih krajeva.

Ora, selvaggi e affamati di prede, attraversarono la sua valle.

Sada, divlji i gladni plijena, prešli su u njegovu dolinu.

Giunsero nella radura illuminata dalla luna, scorrendo come acqua argentata.

Ušli su na mjesečinom obasjanu čistinu, tekući poput srebrne vode.

Buck rimase immobile al centro, in attesa.

Buck je stajao nepomično u sredini i čekao ih.

La sua presenza calma e imponente lasciò il branco senza parole, tanto da farlo restare per un breve periodo in silenzio.

Njegova mirna, velika prisutnost zapanjila je čopor u kratku tišinu.

Allora il lupo più audace gli saltò addosso senza esitazione.

Tada je najhrabriji vuk bez oklijevanja skočio ravno na njega.

Buck colpì rapidamente e spezzò il collo del lupo con un solo colpo.

Buck je brzo udario i slomio vuku vrat jednim udarcem.

Rimase di nuovo immobile mentre il lupo morente si contorceva dietro di lui.

Ponovno je nepomično stajao dok se umirući vuk izvijao iza njega.

Altri tre lupi attaccarono rapidamente, uno dopo l'altro.

Još tri vuka su brzo napala, jedan za drugim.

Ognuno di loro si ritrasse sanguinante, con la gola o le spalle tagliate.

Svaki se povlačio krvareći, s prerezanim grlima ili ramenima.

Ciò fu sufficiente a scatenare una carica selvaggia da parte dell'intero branco.

To je bilo dovoljno da cijeli čopor pokrene na divlji juriš.

Si precipitarono tutti insieme, troppo impazienti e troppo ammassati per colpire bene.

Jurnuli su zajedno, previše nestrpljivi i nagurani da bi dobro udarili.

La velocità e l'abilità di Buck gli permisero di anticipare l'attacco.

Buckova brzina i vještina omogućili su mu da ostane ispred napada.

Girò sulle zampe posteriori, schioccando i denti e colpendo in tutte le direzioni.

Vrtio se na stražnjim nogama, škljocajući i udarajući u svim smjerovima.

Ai lupi sembrò che la sua difesa non si fosse mai aperta o avesse vacillato.

Vukovima se činilo kao da se njegova obrana nikada nije otvorila niti posustala.

Si voltò e colpì così velocemente che non riuscirono a raggiungerlo alle spalle.

Okrenuo se i zamahnuo tako brzo da mu nisu mogli doći iza leđa.

Ciononostante, il loro numero lo costrinse a cedere terreno e a ritirarsi.

Unatoč tome, njihov broj ga je prisilio da odustane i povuče se.

Superò la piscina e scese nel letto roccioso del torrente.

Prošao je pored bazena i spustio se u kamenito korito potoka.

Lì si imbatté in un ripido pendio di ghiaia e terra.

Tamo je naišao na strmu obalu od šljunka i zemlje.

Si è infilato in un angolo scavato durante i vecchi scavi dei minatori.

Ušao je u kutni zasječen tijekom starog kopanja rudara.

Ora, protetto su tre lati, Buck si trovava di fronte solo al lupo frontale.

Sada, zaštićen s tri strane, Buck se suočavao samo s prednjim vukom.

Lì rimase in attesa, pronto per la successiva ondata di assalto.

Tamo je stajao u zaljevu, spreman za sljedeći val napada.

Buck mantenne la posizione con tanta ferocia che i lupi indietreggiarono.

Buck je tako žestoko držao svoj položaj da su se vukovi povukli.

Dopo mezz'ora erano sfiniti e visibilmente sconfitti.

Nakon pola sata bili su iscrpljeni i vidno poraženi.

Le loro lingue pendevano fuori e le loro zanne bianche brillavano alla luce della luna.

Jezici su im visjeli, a bijeli očnjaci su im sjali na mjesečini.

Alcuni lupi si sdraiano, con la testa alzata e le orecchie dritte verso Buck.

Neki vukovi su legli, podignutih glava, naćuljenih ušiju prema Bucku.

Altri rimasero immobili, attenti e osservarono ogni suo movimento.

Drugi su stajali mirno, budni i pratili svaki njegov pokret.

Qualcuno si avvicinò alla piscina e bevve l'acqua fredda.

Nekoliko ih je otišlo do bazena i pilo hladnu vodu.

Poi un lupo grigio, lungo e magro, si fece avanti furtivamente, con passo gentile.

Zatim se jedan dugi, mršavi sivi vuk nježno prišuljao naprijed.

Buck lo riconobbe: era il fratello selvaggio di prima.

Buck ga je prepoznao - bio je to onaj divlji brat od prije.

Il lupo grigio uggiolò dolcemente e Buck rispose con un guaito.

Sivi vuk je tiho cvilio, a Buck je odgovorio cvilenjem.

Si toccarono il naso, silenziosamente, senza timore o minaccia.

Dodirnuli su se nosovima, tiho i bez prijetnje ili straha.

Poi venne un lupo più anziano, scarno e segnato dalle numerose battaglie.

Zatim je došao stariji vuk, mršav i izbrazdane ožiljcima od mnogih bitaka.

Buck cominciò a ringhiare, ma si fermò e annusò il naso del vecchio lupo.

Buck je počeo režati, ali je zastao i ponjušio nos starog vuka.

Il vecchio si sedette, alzò il naso e ululò alla luna.

Starac je sjeo, podigao nos i zavijao na mjesec.

Il resto del branco si sedette e si unì al lungo ululato.

Ostatak čopora sjeo je i pridružio se dugom zavijanju.

E ora la chiamata giunse a Buck, inequivocabile e forte.

I sada je Bucku stigao poziv, nepogrešiv i snažan.

Si sedette, alzò la testa e ululò insieme agli altri.

Sjeo je, podigao glavu i zavijao s ostalima.

Quando l'ululato cessò, Buck uscì dal suo riparo roccioso.

Kad je zavijanje prestalo, Buck je izašao iz svog kamenitog skloništa.

Il branco si strinse attorno a lui, annusando con gentilezza e cautela.

Čopor se okružio oko njega, njuškajući istovremeno ljubazno i oprezno.

Allora i capi lanciarono un grido e si precipitarono nella foresta.

Tada su vođe kriknule i odjurile u šumu.

Gli altri lupi li seguirono, guaendo in coro, selvaggi e veloci nella notte.

Ostali vukovi su ih slijedili, lajući u zboru, divlje i brzo u noći.

Buck corse con loro, accanto al suo selvaggio fratello, ululando mentre correva.

Buck je trčao s njima, uz svog divljeg brata, zavijajući dok je trčao.

Qui la storia di Buck giunge al termine.

Ovdje priča o Bucku dobro dolazi do svog kraja.

Negli anni a seguire, gli Yeehats notarono degli strani lupi.

U godinama koje su uslijedile, Yeehati su primijetili čudne vukove.

Alcuni avevano la testa e il muso marroni e il petto bianco.

Neki su imali smeđu boju na glavi i njušci, bijelu na prsima.

Ma ancora di più temevano la presenza di una figura spettrale tra i lupi.

Ali još više su se bojali sablasne figure među vukovima.

Parlavano a bassa voce del Cane Fantasma, il capo del branco.

Šapatom su govorili o Psu Duhu, vođi čopora.

Questo Ghost Dog era più astuto del più audace cacciatore di Yeehat.

Ovaj Pas Duh bio je lukaviji od najsmjelijeg lovca Yeehata.

Il cane fantasma rubava dagli accampamenti nel cuore dell'inverno e faceva a pezzi le loro trappole.

Pas duh krao je iz logora usred duboke zime i rastrgao im zamke.

Il cane fantasma uccise i loro cani e sfuggì alle loro frecce senza lasciare traccia.

Pas duh ubio je njihove pse i izbjegao njihove strijele bez traga.

Perfino i guerrieri più coraggiosi avevano paura di affrontare questo spirito selvaggio.

Čak su se i njihovi najhrabriji ratnici bojali suočiti s ovim divljim duhom.

No, la storia diventa ancora più oscura con il passare degli anni trascorsi nella natura selvaggia.

Ne, priča postaje još mračnija, kako godine prolaze u divljini.

Alcuni cacciatori scompaiono e non fanno più ritorno ai loro accampamenti lontani.

Neki lovci nestanu i nikada se ne vrate u svoje udaljene logore.

Altri vengono trovati con la gola squarciata, uccisi nella neve.

Drugi su pronađeni s razderanim grlima, ubijeni u snijegu.

Intorno ai loro corpi ci sono delle impronte più grandi di quelle che un lupo potrebbe mai lasciare.

Oko njihovih tijela su tragovi - veći od onih koje bi mogao napraviti bilo koji vuk.

Ogni autunno, gli Yeehats seguono le tracce dell'alce.

Svake jeseni, Yeehati prate trag losa.

Ma evitano una valle perché la paura è scolpita nel profondo del loro cuore.

Ali jednu dolinu izbjegavaju sa strahom urezanim duboko u njihova srca.

Si dice che la valle sia stata scelta dallo Spirito Maligno come sua dimora.

Kažu da je dolinu odabrao Zli Duh za svoj dom.

E quando la storia viene raccontata, alcune donne piangono accanto al fuoco.

I kad se priča ispriča, neke žene plaču pokraj vatre.

Ma d'estate, c'è un visitatore che giunge in quella valle sacra e silenziosa.

Ali ljeti, jedan posjetitelj dolazi u tu tihu, svetu dolinu.

Gli Yeehats non lo conoscono e non potrebbero capirlo.

Yeehati ga ne poznaju, niti bi ga mogli razumjeti.

Il lupo è un animale grandioso, ricoperto di gloria, come nessun altro della sua specie.

Vuk je velik, odjeven u slavu, kao nijedan drugi u svojoj vrsti.

Lui solo attraversa il bosco verde ed entra nella radura della foresta.

On sam prelazi preko zelene šume i ulazi na šumsku čistinu.

Lì, la polvere dorata contenuta nei sacchi di pelle d'alce si infiltra nel terreno.

Tamo se zlatna prašina iz vreća od losove kože probija u tlo.

L'erba e le foglie vecchie hanno nascosto il giallo del sole.

Trava i staro lišće sakrili su žutu boju od sunca.

Qui il lupo resta in silenzio, pensando e ricordando.

Ovdje vuk stoji u tišini, razmišlja i sjeća se.

Urla una volta sola, a lungo e lugubremente, prima di girarsi e andarsene.

Zavija jednom - dugo i žalosno - prije nego što se okrene da ode.

Ma non è sempre solo nella terra del freddo e della neve.

Ipak, nije uvijek sam u zemlji hladnoće i snijega.

Quando le lunghe notti invernali scendono sulle valli più basse.

Kad se duge zimske noći spuste na niže doline.

Quando i lupi seguono la selvaggina attraverso il chiaro di luna e il gelo.

Kad vukovi prate divljač kroz mjesečinu i mraz.

Poi corre in testa al gruppo, saltando in alto e in modo selvaggio.

Zatim trči na čelu čopora, skačući visoko i divlje.

La sua figura svetta sulle altre, la sua gola risuona di canto.

Njegov oblik nadvisuje ostale, grlo mu je živo od pjesme.

È il canto del mondo più giovane, la voce del branco.

To je pjesma mlađeg svijeta, glas čopora.

Canta mentre corre: forte, libero e per sempre selvaggio.

Pjeva dok trči - snažan, slobodan i zauvijek divlji.

* 9 7 8 1 8 0 5 7 2 8 8 9 4 *